종이책 읽기를 권함

종이책 읽기를 권함

|
김무곤 지음

더숲
THE SOUP

| 머리말 |

지금 이 책을 펼친 독자께

지금 당신이 들고 있는 이것은 '책 읽기'에 관한 책이자 '책 읽는 사람'에 관한 책입니다. 또한 이 책은 한 '책 바보'가 책을 읽는 데 바친 수많은 나날을 적은 기록입니다. 또한 이 책은 우연히 같은 시대에 태어나 지금도 어디선가 홀로 책을 읽고 있는 사람들에게 보내는 응원가입니다. 그리고 저는 이 책이 이제 막 책 읽기를 시작한 사람들을 위해 불을 밝히는 등대가 되기를 소망합니다.

'나는 왜 책을 읽는가?' 이 물음이 오래도록 저를 떠나지 않았습니다. 누구도 가르쳐주지 않았으므로 고민은 깊어지고 길어졌습니다. 그 물음에 스스로 대답해야 하기에 이 책을 쓰게 되었습니다. 첫 줄을 쓰기 시작한 이래 많은 시간이 흘렀습니다. 처음에 하나의 물음이었던 것이 시간이 지나면서 몇 개의 질문으로 나뉘어졌습니다. '사람이 책을 읽어야 하는 이유는 무엇인가?' '독서는 독서 이외의 것으로는 얻을 수 없는 가치가 있는가?' '책은 어떻게 읽어야 하는가?' 이 책은 이러한 물음에 대한 저 나름의 대답입니다.

종이책 읽기를 권합니다.

오늘날같이 빠르게 돌아가는 세상에서 종이책을 읽는 일만큼 느리게 해야 하는 일은 없을 것입니다. 그 갑갑함으로 인해 책을 멀리하려는 충동을 느끼셨을지도 모릅니다. 그러나 종이책에서 얻는 깨달음과 감동은 한번 얻으면 다른 무엇과도 비교되지 않는 즐거움을 당신에게 드릴 것입니다. 텔레비전을 보거나 인터넷을 하는 일에 비해 책 읽기는 때로 고통스러울 수도 있습니다. 읽으려는 의도와 속도, 그만두는 행위를 모두 사람이 스스로 통제해야 하기 때문입니다. 그러나 이런 고통이야말로 사실은 우리가 종이책을 읽어야 하는 이유입니다. 이 고통을 넘어서면 무엇과도 바꿀 수 없는 기쁨을 나의 것으로 만들 수 있기 때문입니다. 책을 읽을 때, 우리는 앞 페이지의 내용을 기억하고 그 기억을 지탱해야만 뒤에 나오는 내용을 이해할 수 있습니다. 그러므로 책을 읽을 때 사람은 정신의 팽팽한 탄력을 늦출 수가 없습니다. 정신의 팽팽한 탄력을 밀고가는 힘. 이 '지탱력'이야말로 사람이 오직 책 읽기를 통해서만 얻을 수 있는 소중한 자산입니다. 이것의 다른 이름이 바로 '지성(知性)'이 아닐까요.

저는 당신이 이 책을 천천히 읽어주시면 좋겠습니다. 이 책은 많은 시간을 들여 아주 천천히 쓴 책입니다. 재능이 부족하고 게으른

탓도 있지만, 깊은 생각과 많은 공부가 필요했기 때문입니다. 서둘지 않고 오래 구상하고 천천히 생각했습니다. 쓰다가, 쉬다가, 다른 책을 읽다가, 생각하다가 또다시 쓰는 일을 반복했습니다. 당신도 이 책을 천천히 읽다가, 덮었다가, 다시 읽어주시면 좋겠습니다. 천천히 책장을 넘기시면서 손가락에 전해지는 감촉을 느껴주십시오. 때때로 책장의 행간과 여백을 지긋이 바라봐 주십시오. 종이책을 읽는 소중함과 기쁨을 다시 한 번 느끼게 해드리고 싶습니다.

이 책은 '책 읽기'에 관한 책이므로 많은 내용이 수많은 책과 저자들에게 빚지고 있습니다. 인용하거나 도움을 받은 책이나 저자들에 관한 정보나 덧붙인 이야기는 본문의 흐름을 방해하지 않도록 주석(註釋)을 따로 달았습니다. 독자들이 이 책을 읽음으로 해서 다른 책이나 다른 저자로 관심을 옮길 수 있도록 주석을 쓰는 데 본문 못지않은 공을 들이고자 노력했습니다. 독자 여러분의 편의를 돕기 위해 이 책은 주석을 다른 책들처럼 글의 아래나 글의 뒤에 오게 처리하지 않고, 글의 오른쪽 페이지에 배치하였습니다. 본문의 글 흐름이 끊어지지 않고 자연스럽게 읽히면서, 글 중에 나오는 책이나 저자, 인명, 지명 등의 정보는 따로 참고하기 쉽도록 '더숲' 편집부에서 많은 애를 썼습니다. 저는 제가 이 책의 내용에 붙인 주석들이 여러분이 다른 책, 다른 저자에게로 쉽게 찾아갈 수 있는 길잡이가 되기를 바랍니다.

이 책을 펼쳐주셔서 고맙습니다. 이 조그만 책이 독서를 향한 당신의 열정을 되살리고, 이 책에서 다른 책으로, 또 커다란 책의 바다로 이어지는 마음의 소중한 산책로가 되었으면 좋겠습니다. 그 무엇보다도 당신이 이 책을 읽는 순간이 행복한 시간이 되기를 진심으로 원합니다. 저와의 따뜻한 대화의 기억을 오래 간직해주시면 행복하겠습니다.

2011년 10월 목멱산 기슭에서 저자 올림

차례

머리말 · 4

1 나는 읽는다

고서점에서 놀다 · 12
아버지의 도서관, 딸의 멜론 · 20
그까짓 책! · 26
한 우물을 파는 사람들의 천국, 진보초 · 38
아무짝에도 쓸모없는 책 읽기 · 48
책의 적(敵), 화씨 451도 · 56
책 속에서 타자(他者)를 만나다 · 62
리더(Reader)가 리더(Leader) 된다 · 70
그래도 나는 읽는다 · 82

| 나는 이렇게 읽는다 | 소리 내어 읽는다 · 98
천천히 읽거나, 빨리 읽거나 · 110
읽었던 책을 다시 읽는다 · 116
책 읽는 장소를 고르다 · 126
책이 책을 소개하다 · 138
새로 나온 책을 읽는다 · 144
읽기 싫은 책을 덮다 · 152
서간문을 읽다 · 156 |

| 나는 책바보 | 아무도 내게 왜 책을 읽느냐고 물어보지 않았다 · 164
책을 팔아 다시 책을 사는 바보 · 168
책을 훔치다 · 178
책 있는 곳은 다 학교다 · 182
책들도 나이를 먹는가 · 188 |

나는
읽는다

고서점에서 놀다

　　10여 년 전만 해도 저녁 약속을 주로 인사동[1]으로 잡았다. 한 시간 정도 먼저 인사동에 도착해서 혼자 놀기 위해서였다. 그때는 주로 고서점[2]에서 놀았다. 인사동 입구에 있는 통문관[3]과 영창서림[4]에 가서 책 구경을 하다가 약속 장소로 향했다. 그 시절에는 인사동에 '중국도서문화중심'[5]이라는 중국책 전문서점이 있어서 거기도 즐겨찾곤 했다.

　　인사동 서점에서 보내는 한 시간은 천국이었다. 단골 서점의 주인장들이 내주는 차는 참 맛있었다. 차 한 잔 얻어 마시면서, 요즘 무슨 책이 새로 들어왔는지, 내가 아는 다른 단골들은 요즘 어떻게 지내는지 이런저런 이야기를 나누다가 약속 시간에 늦은 적도 많다. 영창서림의 주인장도 그런 분이었다. 영창서림은 인사동 서점 외에 의정부에도 서고를 가지고 있었던 걸로 기억한다. 나는 그곳에 직접 가

1 인사동은 대한민국 서울의 지역명이다. 북쪽으로는 관훈동, 동쪽으로는 낙원동, 남쪽으로는 종로2가·적선동, 서쪽으로는 공평동과 접해 있는 서울 종로구에 소재한 동(洞)의 이름이다. 인사동은 조선 초기에는 한성부 중부 관인방(寬仁坊)과 견평방(堅平)에 속하였다. 1894년 갑오개혁 당시 행정구역 개편 때는 원동(園洞), 승동(承洞), 대사동(大寺洞), 이문동(李門洞), 향정동(香井洞), 수전동(水典洞) 등이 인사동에 해당하는 지역이었다. 1914년 행정구역 통폐합에 따라 대사동, 이문동, 향정동, 수전동, 승동, 원동 등의 각 일부가 통합되어 인사동이 되었고, 같은 해 9월 경성부 북부출장소 인사동이 되었다가 1915년 6월 경성부 인사동이 되었다. 1936년 4월 동명이 일본식 지명으로 변경됨에 따라 인사정(仁寺町)이 되었으며, 1943년 4월 구제(區制)의 실시로 종로구 인사정이 되었고, 1946년 일제 잔재 청산의 일환으로 정(町)이 동(洞)으로 바뀔 때 인사동이 되었다. 인사란 지명은 관인방과 대사동에서 한 글자씩 따온 것이다. 원래 댓절골, 향우물골, 이문동, 원골 등의 자연마을이 있었다. 댓절골은 큰 사찰인 원각사(圓覺寺)에서, 향우물골은 우물 옆에 향나무가 있었던 데서, 이문동은 순화궁의 이문(里門)이 있었다는 데에서 비롯되었다고 한다. 일제강점기부터 이곳에 골동품 상가가 모여 있었으며, 해방 이후 골동품상·고서점·화랑·미술관·표구사 등이 밀집한 문화와 예술의 거리가 되었다. 베이징의 유리창, 도쿄의 진보초와 함께 동아시아 문화의 보물창고로 일컬어졌으나 최근 관광지화되어 이들 문화공간들이 급격히 줄어들고 국적 불명의 기념품점과 전통음식점을 가장한 사이비 관광식당들이 대거 들어서게 된 것은 안타까운 일이다.

2 우리나라에서 고서(古書)를 헌책이라 부르고, 고서점을 헌책방이라고 부르는 것을 나는 지독하게 싫어한다. '헌'이란 말은 '오래되어 성하지 않고 낡은'이란

보지는 못했지만, 의정부 서고에는 3만 권의 장서가 있다고 했다. 언젠가 영창서림에 갔다가 한 대학생이 "할아버지, 창고에 혹시 대한화사전[6] 한 질 가지고 계세요?" 하고 물었다가 혼나는 걸 본 적이 있다. 그 큰 목소리로 "창고(倉庫)와 서고(書庫)도 구분 못하면서 책은 왜 읽느냐" 하고 불호령을 내렸다.

미국 뉴욕의 스트랜드 서점[7]도 그런 곳이다. 뉴욕 문화의 중심이라는 유니언 스퀘어[8] 근처에 있는 이 고서점은 책을 사랑하는 사람들의 순례지다. 물론 거대한 규모의 보더스(Border's)나 반즈앤노블(Barnes&Noble)처럼 훨씬 더 크고 현대적인 시설의 서점이 넘쳐나고 있는 곳이 미국이고, 아마존닷컴(Amazon.com) 같은 거대한 인터넷서점도 있지만 아직도 뉴요커들은 뉴욕 최고의 서점으로 스트랜드를 꼽는 데 주저하지 않는다.

스트랜드의 역사는 1927년에 시작되었다. 뉴욕 맨해튼의 4번가는 1890년 즈음부터 50여 개 서점이 늘어선 책의 거리였다고 한다. 1927년 그중 하나로 벤자민 배스(Benjamin Bass)가 문을 연 이 고서점은 그 아들 프레드가 물려받으면서 지금의 위치, 즉 브로드웨이와 12번가가 만나는 이곳, 이스트 빌리지와 유니언 스퀘어의 중간 위치로 옮기게 되었다고 한다. 스트랜드의 또 다른 별칭은 '8마일 서점'이다. 어느 날, 취재하러 찾아온 한 기자가 이 서점에 보유한 책이 얼마나 되는지 물었다고 한다. 그러자 사장 프레드가 줄자로 책의 두께를 쟀고, 그 합계가 7.5마일이었다. 그 기자는 기사에 책이 "8마일에 달했다"고 썼고, 그 뒤 이 별칭이 정착했다고 한다. 지금은 책이 훨씬 늘어나 12마일 정도 된다고. 이 서점은 팔리는 책보다 들어오는 책이

뜻의 관형사다. 고서를 '오래되어 성하지 않고 낡은 책'이라고 부르는 문화 풍토는 선대 인류의 문명을 성하지 않고 낡은 것으로 보는 지독하게 반문명적이고 반지성적인 생각에서 나온다. 이는 고가(古家)를 헌집이라고 부르는 것과 다름없다.

3 통칭 인사동으로 불리는 종로구 관훈동 147번지에 있는 고서점이다. 우리나라에서 가장 오래된 '고서점'으로 알려져 있지만 사실은 국내에서 현존하는 가장 오래된 '서점'이기도 하다. 1934년 3월 금항당(金港堂)으로 개점했으나 1945년 해방 직후에 통문관(通文館)으로 상호를 바꾼 후 지금에 이르고 있다. 초대 산기(山氣) 이겸로 선생, 2대 우촌(雨村) 이동호 선생을 거쳐 지금은 3대 중석(重石) 이종운 대표가 통문관을 운영하고 있다. 약 12평 크기의 통문관에는 약 2만여 권의 장서가 비치돼 있는데, 모처에 소재한 30평 규모의 서고 소장 분까지 합치면 약 10만 권 가까이 되는 책을 보유하고 있다고 한다. 입구 외벽을 2007년 6월 리모델링했을 뿐 내부 서가는 1967년 것을 지금까지 사용하고 있다.

4 인사동 거리에 있던 고서점 중에 하나. 전성기 인사동 거리를 북적이게 했던 30여 개의 고서점들이 지금은 하나둘 문을 닫고 몇 안 남은 가게들이 간신히 명맥을 유지하고 있다. 인사동이 도쿄의 진보초와 베이징의 유리창과 다른 점은 서점이 적다는 것이다. 인사동을 외국인을 위한 관광명소로 개발한 정책은 식당 숫자는 늘렸으되 서점과 미술관 숫자는 줄이는 결과를 가져온 것 같다.

5 서울 관악구 남현동 1067-3번지에 있는 중국서적 전문서점이다. 문학, 역사, 철학, 어학, 민속, 미술, 한의학에 이르기까지 약 1만여 종류, 총 5만 권의 책을 소장하고 있다. 죽간에 새겨진 글을 분석한 400원짜리 '간독집성(簡牘集成)'에

더 많은 것으로 유명하다. 그러니 앞으로 이 책방의 별칭은 '15마일' '20마일'로 계속 바뀔 듯하다.

스트랜드는 종업원 200여 명에 연간 2천만 달러 이상의 매출액을 올리는 큰 서점이다. 하도 들고 나는 책이 많아 정확한 재고는 측정이 되지 않지만 대략 300만 권 가까이 된다고 하니 세계 최대의 고서점이라 할 수 있겠다. 스트랜드가 이 많은 책을 구입하는 수단은 여러 가지다. 개인 장서가의 책을 낱권이나 박스로 구입하거나, 출판사의 재고도서를 한꺼번에 사거나, 출판사가 서평을 써달라고 기자들에게 주었던 기증본을 원가의 25퍼센트로 사들이기도 한다고.

이 서점은 서적 판매 외에도 다양한 서적 관련 사업을 하고 있다. 촬영 세트장에 책을 진열해주는 사업도 그중 하나다. 영화나 드라마의 주제, 등장인물, 상황 등에 적합한 책을 골라 세트를 꾸며준다는 것이다. 심지어 개인 서재를 꾸며주는 사업도 하는데, 스티븐 스필버그의 서재를 4천여 권의 고서적으로 꾸며주고 3만 달러를 받았다는 확인할 수 없는 소문도 전해진다.

스트랜드가 유명해지기 시작한 것은 1970년대에 퓰리처상 수상자인 조지 윌[9]이 이 서점의 문화적 가치를 조명하면서부터다. 이곳은 주로 중고 책을 판매하지만 수천 종류의 새 책도 싸게 판매한다. 특히 예술 분야에 관해서는 세계 최고의 컬렉션을 자랑하며, 다양한 희귀본을 소장하고 있다. 그 밖에도 스트랜드는 거의 매주 다양한 문화 행사나 강연을 열고 있다. 단순히 책을 판매하는 것이 아니라 뉴요커의 지식과 문화를 공유하고 선도하는 중심적인 역할을 하고 있는 것이다.

서부터 총 1200여 권에 달하는 사고전서존목총서(四庫全書存目叢書)까지 아우르는 고서점이다. http://www.krchina.co.kr/

6 대한화사전(大漢和辭典)은 일본의 다이슈칸(大修館) 서점에서 발행하고 있는 한자-일본어 사전이다. 일본의 한학자인 모로하시 데츠지와 다이슈칸 서점 사장인 스즈키 잇페이가 중심이 되어 수십 년의 세월을 거쳐 만들어낸 현존하는 세계 최대 규모의 한자 사전이다. 본권 13권, 보충 1권, 어휘 색인 1권의 15권으로 구성되어 있다. 약 5만 자가 넘는 한자와 53만에 달하는 숙어를 그 출전인 중국의 고전(시경, 논어, 맹자, 장자 등)과 함께 수록했으며, 약 1만이 넘는 전서체도 수록되어 있다. 중국 정부로부터도 도서관 비치용으로 주문을 받았다고 하며, 국내 일부 대학교 도서관 등에도 비치되어 있다. 판본이 크고 가격이 고가여서, 개인이 소장하기는 쉽지 않다. 정보화 시대를 맞아 디지털화의 요청이 끊이지 않으나, 컴퓨터에서 처리 가능한 한자 외의 한자가 많은 점과 방대한 작업량 때문에 아직 실현되지 않고 있다. 사전 편찬을 전담한 다이슈칸 서점은 편찬 과정에서 심각한 재정난에 시달렸다고 한다. 국가 규모의 대규모 사전 편찬 작업을 개인의 의지로 실현해낸 사례로서 그 가치가 높이 평가되고 있다.

7 스트랜드 서점(The Strand Bookstore)은 미국 뉴욕 맨해튼에 위치한 세계 최대 규모의 고서점이다. 스트랜드는 1927년 고서점 밀집지인 뉴욕 4번가 '북 로드'에서 개장했다. 현재 장서량은 길이로 환산하면 약 12마일, 바닥에서 천장까지 책이 쌓여 있다. 조금이라도 틈새가 있는 곳에는 책이 쌓여 있다. 그래서 통로가 좁다. 냉난방도 안 되며, 벽은 지저분하지만 책만은 가득하다.

8 뉴욕 유니언 스퀘어(Union Square)는 뉴욕 시티에 있는 광장이다. 뉴욕시티 지하

스스로 '북 원더러(Book Wonderer)'[10]라 칭하는 서진이 쓴 『뉴욕, 비밀스러운 책의 도시[11]』는 뉴욕 서점 탐험여행의 첫 테이프를 스트랜드에서 끊고 있다. 스트랜드가 뉴욕의 창문이기 때문이다. 실제로 이 서점의 정문을 열면 가장 먼저 보이는 것이 뉴욕 여행책, 뉴욕 스카이라인 드로잉북, 뉴욕 사진첩 등 뉴욕에 관한 온갖 책들이 빼곡히 들어선 서가다.

통로가 좁고, 종업원도 그리 친절하지 않고, 책을 찾아달라는 부탁조차 하기 힘든 분위기이기 때문에 이 서점에서 원하는 책을 찾으려면 수많은 서가를 직접 뒤져야 하는 등 불편한 점도 많다. 그럼에도 많은 뉴요커가 스트랜드를 그냥 지나치지 못하는 것은 단지 책값이 싸서가 아니다. 그곳에는 책을 모아놓은 곳 이상의 그 무언가가 있기 때문이다. 그것은 뉴욕도 마찬가지다. 단지 대도시이기 때문에 사람들이 뉴욕을 꿈꾸는 것은 아니다. 뉴욕에는 대도시 이상의 그 무언가가 있다. 스트랜드는 뉴욕의 그 무언가다.

내가 사는 서울을 생각한다. 맑은 물이 흐르는 청계천을. 겨울밤 광화문의 휘황한 일루미네이션을. 맑은 날 자전거를 타고 스치면서 바라보는 한강의 황금빛 여울을. 눈을 감고 서울을 떠올린다. 아름다운 그림에 추억의 잔영이 겹친다. 그러나 서울에는 그 무언가가 빠져 있다. 서울이 점점 더 깨끗해지고 서울의 야경이 점점 더 화려해지는 사이에 옛 책방이 하나둘씩 사라지고 있다.

철 뉴욕 14 스트리트(New York 14 Street)역의 계단을 오르면 곧 나타난다. 주변에 뉴욕시립대학교, 뉴욕대학교 등이 있다. 링컨 동상, 워싱턴 기마상 등으로 둘러싸인 활기 넘치는 광장이다. 주변에 레스토랑이나 카페가 많고 매주 월, 수, 금, 토요일에는 생산자가 직접 판매하는 농산물 시장이 열린다.

9 조지 윌(George F. Will, 1941~)은 미국의 언론인이며 작가다. 일리노이 주 샴페인에서 태어났다. 《워싱턴포스트》와 《뉴스위크》에 고정 칼럼을 쓰는 보수성향의 칼럼니스트다. 저명한 철학교수의 아들로 태어난 조지 윌은 옥스퍼드대학교에서 학사와 석사 학위를 받았고, 프린스턴대학교에서 정치학 전공으로 박사학위를 받았다. 1972년부터 1978년까지 《내셔널 리뷰》지의 에디터로 일했다. 1976년부터 《뉴스위크》에 칼럼을 쓰기 시작했고, 1977년 퓰리처상을 수상했다. 1979년 《워싱턴포스트》로 자리를 옮겨서 지금까지 일하고 있다. 윌리엄 버클리와 로널드 레이건의 보수주의를 따르는 조지 윌은 우아한 문체와 해박한 지식으로 명성이 높다. 《내셔널 리뷰》의 에디터로 있을 때 닉슨 대통령의 권력남용을 비판했다. 또 부시 행정부가 이라크 전쟁에 대하여 솔직하지 못하다고 비판했고, 2008년 대선에선 보수주의의 입장에서 공화당의 존 매케인과 사라 페일린 후보를 신랄하게 비판했다. 야구광으로도 유명하다. 『현장 사람들: 야구의 기술Men at Work: The Craft of Baseball』은 베스트셀러가 되었다. 저서로 『한 남자의 미국One Man's America』 등이 있다.

10 북 원더러는 북러버(Book Lover) 중에서 가장 골치 아픈 부류로서 삶의 무수한 의문에 답을 주는 책, 평생을 두고 쓰고 싶었던 소설과 비슷한 책, 사람의 인생을 완전히 변화시킬 책을 찾는 사람이라고 한다.

11 서진, 『뉴욕, 비밀스러운 책의 도시』, 푸른숲, 2010.

아버지의 도서관, 딸의 멜론

아버지는 이제 할아버지고, 큰 딸은 숙녀 티가 나는 대학생이다. 그러나 내게 아버지는 늘 40대 가장이고, 큰 딸은 언제나 여섯 살이다. 아버지는 아들 다섯 키우시면서 행여 많이 못 배운 당신이 아들들한테 무슨 걸림돌이나 되지 않을까 걱정하셨다. 물론 나는 그 사실을 아버지가 할아버지가 되고, 내가 아버지가 된 후에 알았다.

내가 중학교 입학하고 나서부터 아버지는 나에게 '대단하다'는 말씀을 입버릇처럼 하셨다. 영어 단어를 외워도, "영어 잘하네" 그러셨고, 미술 시간에 선생님이 다시 써오라고 시키신 붓글씨를 집에서 써도 "명필이네" 그러셨다. 당신은 아들들이 그렇게 무언가를 배우는 과정을 흐뭇해하셨고, 자랑스러워 하셨다. 그래서 아들들이 학교에서 배운 걸 서로 이야기할 때, 가만히 듣고 있으시는 걸 그렇게 좋아하실 수가 없었다. 그런 아버지가 어느 날 사고를 치셨다.

12 적산가옥(敵産家屋)은 '자국의 영토나 점령지 안에 있는 적국 또는 적국인 소유의 가옥'을 뜻하나, 우리나라에서는 해방 후 일본인들이 물러간 뒤 남겨놓고 간 집을 이르는 말로 쓰인다. 국내의 적산가옥은 해방 후 일반인에게 대부분 불하(拂下)되었다.

내가 고등학교 때까지 자란 집은 본채와 건너 채가 있는 적산가옥[12]이었다. 중학교 때인가, 어느 날 학교에서 돌아오니 그 전에 살던 사람들이 나가고, 빈 건너 채에 아저씨 몇 분이 책을 나르고 있었다. 나는 속으로 누가 새로 이사오나보다 했다. 그리고 새로 이사오는 사람은 책을 엄청 좋아하나보다, 앞으로 친하게 지내야겠다 그런 계획까지 세워두고 있었다.

그날 저녁 밥을 먹고 있는데, 아버지께서 불쑥 "그것 너희들 책이다" 그렇게 말씀하시는 거였다. 우리 다섯 형제는 너무 놀라서 눈을 동그랗게 뜨고 아버지를 쳐다만 봤다. 그러니까 아버지는 세도 놓지 않고, 그 방을 아예 자식들을 위한 도서관으로 차리신 거다. 아버지가 차리신 도서관에 들어가 보니 아버지가 책을 골라 사신 게 아니라는 걸 알았다. 아예 작은 서점 하나를 그대로 옮겨다 놓으셨던 게다. 서점에 가셔서 "학생들 읽을 만한 책은 다 배달해 달라"고 하신 후 그 방을 만드신 거다. 우리는 그날부터 그 방에서 치열한 책 읽기 경쟁을 벌였다. 을유문화사 세계문학전집부터 삼중당 문고본, 정음사 중국고전 시리즈까지 읽고 또 읽었다. 머리가 커지고 나서 생각해보니 그 시절 아버지는 그다지 여유가 없으셨다. 건너 채 셋방에서 매달 나오는 방세가 참 소중했을 때였다. 지금도 눈을 감으면 그 시절 아버지가 만든 그 허름한 적산가옥 다다미방 도서관의 책 냄새가 나는 듯하다.

아버지한테 고마운 것은 그렇다 치고, 나는 지금도 큰 딸한테 미안해하는 일이 있다. 딸아이에게 직접 미안하다고 말한 적은 없지만,

대신 나는 길을 지나다 멜론만 보면 사들고 들어오는 버릇이 있다. 큰 딸은 내가 대학원에 다니고 있을 때 일본에서 태어났다. 그 아이는 유학생 부부의 딸로 그곳에서 어린이집을 다녔다. 장학금을 받긴 했지만 학생이니 당연히 모든 게 넉넉하지 않았던 때였다. 외국인 유학생 부부는 저소득층으로 분류되어 아이를 공립 어린이집에 무료로 보낼 수가 있었다. 공립 어린이집에 다녔던 딸아이는 너무 일찍 철이 들어서 뭐 하나 사달라고 하는 일이 없었다. 빠듯한 살림살이를 저 아이가 훤히 들여다보고 있나 싶을 때도 한두 번이 아니었다. 그런 딸이 사달라고 은근히 조르는 것이 딱 하나 있었는데, 어린이집에서 먹어본 멜론이었다. 그때 커다란 멜론 하나가 2, 3천 엔 정도 했으니 하루 세끼 한 가족 식비를 넘었다. 사주고 싶은 마음이야 굴뚝같았지만, 매번 못 본 척하고 다음에 사주마 하고 과일 가게 앞을 지나쳤다.

그날은 아내가 어린이집에서 아이를 데리고 집에 오다가 그랬나 보다. 딸아이는 손가락으로 멜론을 가리켰고, 아내는 못 본 척했다. 그날따라 아이는 "멜론, 멜론 먹고 싶어요"라고 했나보다. 아내는 그날만큼은 사줘야겠다고 결심했을 것이다. 지갑에는 당장 돈이 없고, 통장에 있는 돈을 찾아서 사주리라 생각한 아내는 일단 집으로 왔다. 딸에게는 조금 있다가 꼭 사준다고 약속하고 말이다. 그런데 통장을 들여다보니 돈이 하나도 없었다. 내가 진보초(神保町)[13]의 고서점가에 갔다가 어떤 책을 보고 너무 탐이 나서 통장에 있는 돈을 다 찾아들고 다시 나갔던 것이다.

책 한보따리를 사들고 터덜터덜 집으로 들어왔는데, 집안의 공기가 왠지 싸늘했다. 아내는 내가 돈을 책으로 바꾸어먹어도 어지간해서는 잔소리를 안 하는 사람인데, 그런 아내도 그날만큼은 참을 수가 없었던 모양이다. 악담인지 덕담인지는 모르겠지만, 아내는 울면서 "책하고 살아라"고 퍼부어댔다. 처음으로 내게 소리를 지르고는 딸 손을 잡고 그대로 나가버렸다.

사정하고 또 사정한 끝에 나는 아내와 딸을 집으로 데리고 왔고, 아내가 그토록 화가 난 이유를 그때서야 알았다. 지금이야 가끔 딸 몰래 아내와 웃으면서 그때 일을 이야기하지만, 그 당시에는 정말 난감했다. 내가 멜론만 보면 집에 사들고 오는 이유를 어쩌면 딸은 이미 알고 있을지도 모르겠다.

멜론을 사달라고 떼쓰던 그 딸이 벌써 내 서가의 먼지 묻은 책들을 살짝살짝 빼가곤 한다. 내 아버지가 내게 주었던 그 책들이다. 할아버지와 손녀 사이에 수많은 책들이 놓여 있다. 그 책들이 할아버지를 40대의 가장으로, 대학생 딸을 여섯 살 유치원생으로 만든다. 내가 지금 그때 내 아버지의 나이다.

13 도쿄 치요다구의 간다(神田), 진보초(神保町) 지역은 고서점 거리로 유명한 곳이다. 진보초 사거리 교차점을 중심으로 야스쿠니 거리, 스즈란 거리 일대에 고서점들이 밀집해 있다. 동양 최대의 고서점가로 명성을 얻고 있는 진보초 고서점 거리는 도쿄의 명물 중 하나다.

그까짓 책!

오늘도 또 한 선생님이 걱정을 했다. 요즘 학생들이 도무지 책을 읽지 않는다고 말이다. 그러나 나는 걱정하지 않는다. 아니 걱정해보았자 소용이 없다. 책 읽기보다 훨씬 더 재미있는 일이 있겠지.

"그까짓 영화 안 만들면 어때"라고 말한 사람은 전 생애를 영화에 바친 알프레드 히치콕[14]이었다. 독서도 마찬가지다. 그까짓 책 안 읽으면 어때. 독서인이 모두 곧 교양인이요, 인격자라고 생각하는 것은 사실은 환상이다. 수천 권의 책을 읽은 사람이 굉장한 권위주의자라든지 사기꾼인 경우도 얼마든지 있다. 독서가 곧 교양과 인격의 척도라는 교조주의로부터 자신을 해방하는 일이야말로 즐거운 독서, 책과의 평등한 사귐의 시작일 것이다.

14 알프레드 히치콕(Alfred Joseph Hitchcock, 1899~1980)은 영국에서 태어나 영국과 미국에서 활동한 영화감독이다. 1939년 이후 주로 미국에서 활약했다. 런던대학교에서 미술을 전공하고 1920년 영화사에 입사하여 각본가·미술감독을 거쳐 1925년에 영화감독이 되었다. 1929년 유성영화 도입기에 〈공갈(恐喝)〉을 제작하여 주목을 끌었고, 〈암살자의 집〉(1934), 〈39계단〉(1935) 등의 영화에서 관객의 심리적 불안을 유도하는 독특한 연출로 이른바 '히치콕의 세계'를 만들어 냈다. 1939년 미국으로 건너가 〈레베카〉〈해외특파원〉(1940), 〈단애〉(1941), 〈의혹의 그림자〉(1943) 등을 발표하면서 '히치콕 스릴러'를 확립했다. 그 외의 작품으로 〈백색의 공포〉(1945), 〈나는 고백한다〉(1952), 〈다이얼 M을 돌려라!〉, 〈이창(裏窓)〉(1954), 〈하리의 재난〉(1955), 〈현기증〉(1958), 〈북북서로 진로를 돌려라〉(1959), 〈사이코〉(1960), 〈새〉(1963), 〈토파즈〉(1969) 등이 있다. 1955년 이후 자신이 직접 사회를 맡은 텔레비전 영화 히치콕극장 시리즈의 방영으로 인기를 모았고, 잡지 《히치콕 미스터리》를 내기도 하였다.

프랑스의 교사이자 작가인 다니엘 페나크[15]는 자신의 독서론 『소설처럼 Comme Un Roman』에서 '책을 읽다'라는 동사가 '꿈꾸다' '사랑하다'와 함께 명령어로 바꿀 수 없는 단어라는 점을 지적하고 있다. 즉 '사랑하라' '꿈꾸라' 하고 명령한다고 해서 그것이 명령자의 뜻대로 실행될 수 없듯이, 읽기 싫은 사람에게 '읽어라' 하고 명령해보았자 그저 읽는 척하거나 이내 수면제 대용으로 활용해버릴 뿐이다. 그래서 페나크는 책 읽기를 보다 친근한 일로 하기 위해서 다음과 같은 독자의 10가지 권리를 제창하고 있다.

첫째, 읽지 않을 권리. (나는 기분이 좋지 않거나 장정이 마음에 들지 않거나 여하튼 읽고 싶지 않을 때는 안 읽는다.)

둘째, 건너뛰어서 읽을 권리. (새로 발간된 전공 서적을 읽을 때 내가 잘 쓰는 수법이다.)

셋째, 끝까지 읽지 않을 권리. (괴테의 『파우스트』는 고교 시절부터 시작해서 지금까지도 다 못 읽었다.)

넷째, 연거푸 읽을 권리. (내가 좋아하는 로르카[16]의 시집은 하도 여러 번 읽어서 이제는 거의 다 외운다.)

다섯째, 손에 집히는 대로 읽을 권리. (이현세의 만화를 읽다가 갑자기 막스 베버를 읽은들 어떠랴.)

여섯째, 작중 인물과 자신을 혼동할 권리. (나는 셰익스피어의 『햄릿』을 읽으면 햄릿이 되고 또 가끔 홍길동이 되기도 한다.)

일곱째, 읽는 장소에 구애받지 않을 권리. (침대에서 읽고, 기차간에서 읽고, 수영장에서도 읽는다.)

15 다니엘 페나크(Daniel Pennac)는 프랑스의 교사, 작가다. 1944년 모로코의 항구 도시 카사블랑카에서 태어났다. 군인이었던 아버지를 따라 아프리카, 베트남 등지에서 어린 시절을 보냈다. 프랑스의 니스와 엑상프로방스에서 문학을 전공한 뒤 1969년에서 1995년까지 중학교 불어 교사로 학생들을 가르쳤다. 『까보 까보슈』『까모 시리즈』 등 어린이 책을 발표하여 좋은 반응을 얻었으며, 말로센 가족이 등장하는 연작소설 『말로센 시리즈』(『식인귀의 행복을 위하여』『기병총 요정』『산문 파는 소녀』『정열의 열매들』)가 연달아 히트했다. 그 외 작품으로 『마법의 숙제』『소설처럼』『독재자와 해먹』 등이 있으며, 사진가 로베르 두아노와 함께 사진집을 펴내기도 했다.

16 페데리코 가르시아 로르카(Federico Garcia Lorca, 1898~1936)는 스페인의 시인이자 극작가다. 스페인 그라나다에서 초등학교 교사인 어머니와 부농(富農)인 아버지 사이에서 태어났다. 그라나다대학교 문과를 다니면서 시를 쓰기 시작했다. 스무 살인 1918년 『풍경과 인상들』을 출간했다. 이 시기에 화가 살바도르 달리, 시인 에밀리오 프라도스, 호세 모레노 비야 등과 사귀었다. 1920년에는 첫 희곡 「나비의 저주」를 무대에 올렸고, 1921년에는 첫 시집 『시 선집』을 냈다. 1928년에는 『집시 이야기 민요집』으로 스페인 국가 문학상을 받았다. 로르카는 생존 시에도 마치 지금의 아이돌 스타와 같은 인기를 누렸다. 특히 그가 『집시 이야기 민요집』을 내고 스페인 국가 문학상을 받으면서 그의 인기는 절정에 달했다. 스페인공화국이 수립된 후 로르카는 자신이 만든 극단을 이끌고 전국을 순회했다. 그의 연극은 그의 시만큼 성공을 거두었다. 로르카 자신은 정치이념을 의식하지 않았고, 그의 작품도 특별한 정치이념에 기울지 않았다. 그러나 공산주의자였던 몇몇 친구들과 그의 작품 곳곳에 등장하는 우익 민병

여덟째, 여기저기 부분적으로 읽을 권리. (내 특기다.)

아홉째, 소리 내어 읽을 권리. (흥이 겹거나 감동했을 때는 저절로 소리가 난다.)

열 번째, 읽고 나서 아무 말도 하지 않을 권리. (책 읽기의 장점 중 하나는 그 즐거움을 혼자만의 비밀로 할 수 있다는 점이다.)

이렇게 열거하고 나니 '그까짓 책' 하고 말해버린 내 자신에 대해 더욱 용기가 난다.

나보다 훨씬 더 용기 있는 사람도 있다. 독일 철학자 쇼펜하우어[17]는 "자기 자신의 사상을 가지고 싶지 않다면 가장 확실하고 안전한 방법은 틈날 때마다 책을 읽는 일이다."라고 말했다. 그는 한발 더 나갔다. "책에서 얻은 다른 사람의 사상은 타인이 먹고 버린 쓰레기다. 타인이 입다 버린 누더기에 지나지 않는다."[18]

이래도 아이들에게 '그까짓 책'을 평생 가까이 하게 하고 싶은가? 그렇다면 다음과 같은 방법을 써보는 것도 좋을 듯하다.

스스로 고르게 하자

책은 연애와 마찬가지로 남이 가르쳐줄 수 없다. 부모가 자녀에게, 교사가 학생에게 '읽어야 할 책'을 골라주는 일은 다니엘 페나크의 말처럼 "너 저 사람을 사랑해라"라고 강요하는 것과 마찬가지다. 이 세상 모든 사람에게 좋은 친구가 되는 사람이 존재하지 않듯이, 모든 사람에게 다 좋은 책도 존재하지 않는다. 많은 사람을 만나고 부대껴본 사람일수록 사람을 보는 눈이 깊어지고 넓어지듯이 책 읽대에 대한 조롱이 내전으로 치닫고 있던 스페인의 정세 속에서 극우파들의 신경을 건드렸다. 1936년 로르카는 마드리드를 떠나 고향 그라나다로 내려갔다가, 내전 발발과 함께 체포된 뒤 총살되었다. 로르카의 비극적 죽음은 그와 그의 시를 신화로 만들었다. 지금까지도 그는 세계에서 가장 인기 있는 시인의 한 사람이며, 오늘날에도 끊임없이 새로운 독자를 늘려가고 있다.

17 아르투르 쇼펜하우어(Arthur Schopenhauer, 1788~1860)는 독일의 철학자다. 단치히에서 태어났다. 은행가인 아버지와 작가인 어머니 덕택에 평생 돈 걱정 없이 지냈다. 1793년 단치히가 프로이센에 병합되자 함부르크로 이사하였고, 1803년에는 유럽 여행을 떠났다. 1805년 그를 상인으로 만들려던 아버지가 죽자, 고타의 고등학교를 거쳐 1809년부터는 괴팅겐대학에서 철학과 자연과학을 배우고, G.E.슐체의 강의를 들었다. 이어 1811년에는 베를린대학으로 옮겨, 피히테와 슐라이어마허의 강의를 청강하였으며, 『충족이유율(充足理由律)의 네 가지 근원에 관하여』(1813)로 예나대학에서 학위를 받았다. 그러나 이때를 전후해 모친 요한나와 대립한다. 이로 인해 그의 평생에 걸친 여성혐오가 시작되었다. 괴테에게서 자극받아 색채론을 연구하여 『시각과 색채에 대하여』(1816)를 저술했고, 1819년에는 『의지와 표상으로서의 세계』(1819)를 발표했다. 1820년에 베를린대학 강사가 되었으나, 헤겔의 명성에 밀려 이듬해 사직했다. 1831년에 당시 유행한 콜레라를 피해서 프랑크푸르트암마인으로 옮겨가 평생을 그곳에서 살았다. 그의 철학은 염세관을 사상적 기조로 하였다. 그는 금욕을 바탕으로 한 해탈과 정적(靜寂)의 획득을 궁극적인 이상의 경지로서 제시하였고, 타인의 고통에 대한 동정, 즉 동고(同苦, Mitleid)를 최고의 덕이자 윤리의 근본원리로 보았다.

기 또한 스스로 경험을 쌓고 안목을 키워갈 수밖에 없다. 자녀들이 책과 멀어지는 이유의 첫 번째는 어른의 욕심이다. 어른들은 주로 유익하게 보이는 책이나 고전을 읽으라고 강요하고 그것은 대개 재미없기 때문이다.

시내 서점의 아동코너에 가면 부모들이 종종 자녀에게 "만화 읽지 마라" "이건 너한테 너무 쉬워" "이건 너한테 너무 어려워" 하면서 자녀들의 독서 인생을 망치고 있는 경우를 자주 본다. 또 위인전을 읽으라고 하는 부모들이 의외로 많다. 자기는 읽지 않으면서. 그러나 위인전을 읽는다고 위인이 되는 것은 아니다. 재미있는 그림책이나 좋은 만화 또는 무협지 한 권이 인생의 지침이 되기도 한다. 그러므로 가장 좋은 독서지도는 도서관이든 서점이든 책이 많은 곳에 데려가서 아이를 방치하는 일이다. 부모들은 자기 책을 읽으면서 가끔 아이가 있는 곳을 쳐다보면 된다.

책값을 넉넉하게 주자

책 속에 들어 있는 지식과 정보를 다른 방법으로 얻으려면 그 수십 배, 수백 배의 비용을 들여야 한다고 생각하면 책값이 아깝지 않을 것이다. 아이들에게 책을 사주러 함께 서점에 가거나, 아이들이 책을 사러 서점에 갈 때도 마찬가지다. 주머니 사정이 허락하는 한, 책값을 좀 많이 가지고 가게 하는 것이 좋다. 내 경험으로는 돈을 조금 가지고 가니까 간이 작아져서 정작 필요한 책이나 마음에 드는 책을 못 사게 되거나, 다른 책과 비교해 값이 싸다는 이유로 책을 선택하게 되는 일이 종종 일어났다. 물론 여러 권의 책을 사서 그중에 한

18 쇼펜하우어의 책 읽기에 대한 이와 같은 경고는 사색과 성찰의 중요성을 강조하기 위한 수사학이었다. 다른 사람의 생각에 너무 경도되지 말고 사색과 성찰을 통해 자신의 사상을 세우라는 것이지, 책 읽기보다 방귀나 잠꼬대가 더 귀중하다고 말한 것은 아니다. 사실 쇼펜하우어의 이 말도 책을 통해서 알게 된 것이다. 만약 책이 없었다면 책에 대한 그의 경멸도 알 길이 없었을 것이다.

권은 실패할 수도 있다. 그렇지만 실패한들 어떠랴. 실패해보지 않으면 성공에 익숙해질 수 없다. 읽고 싶은 책을 언제나 손이 닿는 곳에 두지 않아도 좋다면, 도서관을 이용하는 습관을 들이는 것도 참 좋은 일이다.

한 분야의 책을 여러 권 읽어보게 하자

하나의 주제를 파악하는 데 한 권 가지고는 부족하다. 같은 주제나 비슷한 주제의 책을 여러 권 읽다 보면, 어떤 책이 좋은 책인지 '감'이 온다. 하나의 주제에 대해서 필자마다 기술하는 방식이 다르고, 바라보는 각도가 다르다는 것을 자연스럽게 알게 되고, 그 분야에 대한 시각도 따라서 넓어지게 된다. 우주나 공룡 또는 정원 가꾸기 등등 어떤 주제라도 한 권에만 만족하지 말고 그 분야에서 여러 권의 책을 읽다 보면 그 분야에 대한 지식이 넓고 깊게 되는 순간이 온다. 그 분야에 대해 어느 순간 뭔가 확 뚫리는 느낌이 드는 것이다. 그것이 바로 정통(精通)하게 된다는 것이다.

끝까지 다 읽으라고 강요하지 말자

책을 처음부터 끝까지 다 읽어야 한다는 강박관념이 청소년을 책으로부터 멀어지게 할 수도 있다. 책은 듬성듬성 읽을 수도 있고, 거꾸로 읽을 수도 있으며, 읽다가 그만둘 수도 있다. 영화나 드라마는 관객을 기다려 주지 않지만 책은 언제나 독자를 기다려 준다. 책은 시간과 공간으로부터 어떠한 제약도 받지 않는다.

남들이 다 읽는다고 해서 자기에게 맞지 않는 책을 무리해서 읽을 필요는 없다. 마찬가지로 자신의 지식에 비해 내용의 밀도가 떨어지는 책을 읽는 일도 시간낭비다. '이게 아닌데' 싶으면 그때 바로 그만두는 게 좋다. 매력적인 이성이 옆자리에 앉아 감동하고 있는 경우가 아니라면 재미없는 영화를 끝까지 볼 이유가 없는 것과 마찬가지다.

의심하면서 읽게 하자

책을 읽을 때, 독자는 저자에게 조금 기가 죽기 마련이다. 같은 말이라 하더라도 인쇄되어 나온 글자에는 어딘가 권위가 있어 보이기 때문이다. 개가 "멍 멍 멍" 하고 짖을 때 그것을 개 짖는 소리 이상으로 생각하는 사람은 없지만, 그 "멍 멍 멍" 세 글자가 책에 글자로 찍혀 있으면 괜히 멋있어 보이고 다르게 느껴지는 것도 사실이다. 책은 사람에게 의심하는 마음, 비판하는 생각을 길러주지만, 또한 그것들을 빼앗아버리기도 한다.

너무도 당연한 얘기지만 유명하다는 책, 베스트셀러라고 하는 책이 모두 좋은 책은 아니다. 오자, 탈자, 잘못된 번역[19]에서부터 엉터리 주장, 게다가 거짓말을 하는 경우도 적지 않다. 그 잘못된 생각들을 의심 없이 받아들일 때 책을 읽는 행위는 무의미해진다. 무언가 의심쩍은 대목이 있다면, 원전(原典)을 읽어보든 사전을 찾아보든 의문을 끝까지 파헤쳐보는 자세가 필요하다. 번역서를 읽다가 이해가 안 되는 부분을 만나면, 자신의 머리를 나쁘다고 생각하기 전에 오역(誤譯)이 아닐까 하는 의심부터 해볼 일이다.

책 읽기보다 더 중요한 일이 있으면 그만두고 그 일을 하게 하자

 책 읽기보다 중요한 일은 얼마든지 있다. 강아지와 함께 산보하는 일, 가족들과 바닷가에 가서 연을 날리는 일, 할아버지 할머니를 만나러 가는 일. 이런 일이 있으면 책 읽기를 그만두고 그 일을 하게 하자. 우리는 책 읽기 위해서 인생을 사는 것이 아니다. 인생을 살기 위해서 책을 읽는 것이다. 그것을 혼동하면 안 된다.

19 언젠가 우리말로 번역된 일본 소설을 읽다가 나는 꽤 당황한 적이 있다. 소설 앞뒤와는 전혀 상관없이 갑자기 남자 주인공이 여자 주인공의 코를 '깨문다'는 게 아닌가? 처음에는 내가 소설을 제대로 이해하고 있지 않구나, 아니면 어디 놓친 구절이 있나 싶어 앞에서부터 다시 읽었다. 하지만 아무리 보고 또 봐도 납득이 가지 않는 문장이었다. 급기야 의심하는 마음이 확신의 단계에 이르렀다. 일본어 원문을 찾아서 문제의 부분을 직접 확인해보았다. 내가 직접 파악한 전후 사정은 이렇다. 일본어로 코를 '풀다'와 '깨물다'의 동사는 한자는 다르지만, 발음은 '가무(かむ)'로 같다. 번역자는 '풀다'를 '깨물다'로 잘못 옮겼고, 나는 처음에 그 오역을 의심하지 않고 나 자신을 의심했던 것이다.

한 우물을 파는 사람들의 천국, 진보초

"만약 신분을 감추고 좋아하는 장소에서 하루를 보낼 수 있다면 어디서 무엇을 하고 싶습니까?" 2009년 5월 유럽 방문을 앞둔 미치코 왕비[20]의 기자회견 때 한 기자가 던진 질문이다. 왕비의 대답은 이랬다. "학생 시절 자주 다녔던 진보초(神保町)의 고서점에 가서 다시 한 번 오랜 시간 선 채로 책을 읽고 싶습니다." '책을 사러 가고 싶다'가 아니라 '오랜 시간 선 채로 책을 읽고 싶다'는 왕비의 소박한 소망은 일본 사회에 진보초의 존재 이유를 다시 한 번 각인시켜 주었다. 그렇다. '진보초에 간다'는 말은 '헌책을 사러 간다'는 의미가 아니라 '행복한 시간을 보내러 간다'는 의미인 것이다.

진보초는 도쿄 중심부 지요다(千代田)구 북부에 있는 세계 최대의 고서점 타운을 일컫는다. 180곳이 넘는 고서점은 대부분 야스쿠니 거리와 하쿠산 거리가 교차하는 진보초 사거리를 중심으로 모여 있

20 미치코 왕비(美智子王妃, 1934. 10. 20~)는 일본 아키히토 현 일왕의 비다. 결혼 전의 성은 쇼다(正田)이다. 자녀로는 현재 왕세자인 나루히토와 차남인 후미히토, 딸인 구로다 사야코가 있다. 1957년 세이신 여대(聖心女子大學)에서 영문학을 전공하였다. 1957년 8월 휴양지인 가루이자와에서 열린 테니스 토너먼트 대회에서 당시 왕세자였던 아키히토를 만났다. 1959년 4월 아키히토와 혼인함으로써 메이지 시대 이후 처음으로 민간인 출신의 황태자비가 되었다. 1989년 1월 7일, 아키히토 왕세자가 왕으로 즉위하면서 함께 왕비로 즉위했다. 일본적십자사 명예총재이며, 국제아동도서평의회 명예총재이기도 하다.

다. 이 진보초 사거리 부근의 정식 명칭은 간다진보초(神田神保町)다. 그러나 이곳뿐 아니라 스이도바시와 오차노미즈 역(驛) 등 주변에 넓게 자리 잡은 고서점가를 통칭해 '진보초'라고 부른다.

에도 시대[21] 말기에 중앙정부인 막부(幕府)[22]가 근대 최초의 국립 교육기관인 한쇼초쇼(蕃書調所)를 이 근처의 히토쓰바시 거리로 옮겼는데 이것이 도쿄가이세이학교(東京開成學校) 등으로 이름을 바꾸면서 오늘의 도쿄대학[23]이 된다. 근대 신학문의 근거지가 바로 진보초였던 것이다. 그 후 주변에 외국어학교·고등상업학교뿐만 아니라 사립인 메이지(明治)·센슈(專修)·주오(中央)·니혼(日本)대학 등이 차례차례 세워지면서 일본 최대의 대학촌이 만들어졌다. 당연히 학생 상대의 하숙집도 많이 생겨났다. 학생과 학자가 모이면 자연스레 책의 수요가 생기는 법. 메이지 시대 말기부터 출판사·도매상·인쇄소가 모여 있는 '책의 거리'가 형성됐다.

이런 진보초도 한때 위기를 맞은 적이 있다. 제2차 세계대전 말기 연합군의 공습이 도쿄 시내를 초토화했다. 그런데 종전 후 포연이 자욱한 도쿄 시내에서 진보초 부근만 멀쩡했다. 동양 학문의 보고(寶庫)가 사라질 뻔한 위기를 구한 사람이 후에 하버드대 교수를 지낸 세르게이 엘리세프(1889~1975)라고 전해진다. 서양인 최초의 일본학 연구자로 알려진 인물로, 10대 시절 베를린대학에서 중국어·일본어를 배웠고, 19세 때 서양 학생으로는 처음으로 도쿄제국대학에 입학한 수재다.

문호 나쓰메 소세키[24]에게도 배웠지만 그의 가장 큰 스승은 진보초 고서점이었다. 러시아의 부유한 집안 후예였던 덕택에 그는 진보초 서점가를 종횡무진하면서 수많은 책을 구입해 읽을 수 있었다. 제2차

21 에도 시대(江戶時代, 1603~1867)는 일본의 역사시기 분류 명칭으로서 에도 막부가 정권을 잡은 시기를 말한다. 1603년 3월 24일 도쿠가와 이에야스가 세이이타이쇼군(征夷大將軍)으로 임명되어 자신의 영지인 에도(지금의 도쿄)에 사실상의 권력 중심인 막부를 연 시기를 에도 시대의 시작으로 보고 있다. 1867년 11월 15일 이른바 메이지 유신의 성공에 의해 막부의 권력이 천황으로 이관되는 대정봉환이 있을 때까지 264년간 유지되었다.

22 막부(幕府)는 원래 중국에서 왕을 대신하는 군사 지휘관의 진지를 가리키는 말이었다. 일본에서는 '바쿠후'라고 부른다. 가마쿠라 막부를 개창한 초대 쇼군(將軍)인 미나모토 요리토모(源賴朝)가 세이이타이쇼군(뒤에는 쇼군)이 되면서 군사 원정할 때의 본진을 가리키던 말이었는데, 전쟁 후에도 정치적 기관으로 존재하게 되면서 무가 정권의 정청을 의미하게 되었다. 이후 일본 역사에서는 무로마치 막부, 도쿠가와 막부 등 무신정권을 일컫는 말로 쓰여졌다.

23 도쿄대학(東京大學, The University of Tokyo)은 일본의 국립대학으로서 아시아 최초의 근대적인 대학이다. 도쿄대학의 기원은 1684년에 에도 막부가 설립한 천문방(天文方)과 1858년에 설립된 종두소다. 이후 천문방은 1868년에 개성학교(開成學校)로 종두소는 1863년에는 의학소로 바뀌었다가, 1874년에 각각 도쿄가이세이학교(東京開成學校)와 도쿄의학교로 개칭되었다. 1877년 4월 12일에 두 학교를 합쳐 도쿄대학이 되면서, 일본 최초의 근대적 대학이 설립되었다. 현재 도쿄대학의 모든 입학생은 문과 3류, 이과 3류의 6개 유(類)로 나뉘어 교양학부에 소속되고, 2년 정도의 전기(前期) 과정을 이수한다. 그 후에 교양학부를 포함한 10개 학부로 나누어져 2년(다만 의학부 의학과 및 농학부 수의학과정, 약학부 약학과는 4년)의 후기과정을 이수하게 되어 있다. 캠퍼스는 주로 교양 과정을

세계대전이 끝나갈 무렵 당시 하버드대학의 일본학 교수이면서 미군의 고문을 겸하고 있던 엘리세프가 맥아더 장군에게 진보초 일대를 폭격하지 말 것을 청원했다는 일화는 이제 진보초의 전설이 되었다.

　진보초 고서점가를 걸으면 문학, 예술, 사회과학, 자연과학, 스포츠, 연예 오락 등 거의 모든 분야의 책을 만날 수 있다. 3~4대째 대를 이어 경영하는 노포(老鋪)가 있는가 하면, 젊은 점주가 영화 팸플릿 한 분야만을 들고 새로 진입한 신생 서점도 있다. 작고한 작가의 육필원고만을 다루는 세 평짜리 가게가 있는가 하면, 5층 건물 전체에 건축 분야의 전문서적만을 전시하고 있는 중형서점도 있다. 17세기 이전의 고전적(古典籍)만을 취급하는 서점과 1970년대 이후 출간된 손바닥 크기의 문고본(文庫本)만을 취급하는 전문점이 어깨를 나란히 하고 있는 곳이 바로 진보초다. 현재 이들 고서점이 보유한 재고 도서만도 약 300만 종, 1천만 권에 이른다고 한다. 고서점만 있는 게 아니다. 1881년 개업한 신간 서점 산세이도(三省堂)나 이와나미쇼텐(岩波書店) 같은 유명 출판사도 이곳에 있다. 매년 가을에 열리는 '고서 축제'에는 수십만의 인파가 몰린다. 진보초는 일본 국민 모두에게 아니 전 세계인에게 열려 있는 거리의 개가식 도서관이다.

　진보초는 한국사 사료의 숨겨진 서고이기도 하다. 많은 역사학자 연구가들이 도서관이 아니라 이곳에서 귀중한 사료를 발견하곤 한다. 국제한국연구원장 최서면(崔書勉)[25] 씨가 명성황후[26] 시해 현장을 목격한 일본 순사의 수기를 발견한 곳, 안중근 의사의 옥중서기 『안응칠 자서전』을 찾아낸 곳도 바로 진보초의 고서점이다.

　독도가 우리 영토임을 표기한 최초의 서양 고지도(古地圖)를 공개

담당하는 고마바(駒場) 캠퍼스, 전문 교육을 담당하는 혼고(本鄕) 캠퍼스, 대학원 과정만을 담당하는 가시와(柏) 캠퍼스 등이 있다. 카와바다 야스나리(川端康成)와 오에 겐자부로(大江健三郞) 등의 문학상, 에사키 레오나(江崎玲於奈)·고시바 마사토시(小柴昌俊) 등의 물리학상, 사토 에이사쿠(佐藤榮作) 등의 노벨 평화상 수상자를 배출하였다.

24 나쓰메 소세키(夏目漱石, 1867~1916)는 일본의 저명한 소설가, 영문학자다. 소설 『나는 고양이로소이다』『마음』『도련님』, 평론집 『문학론』 등의 작품으로 알려져 있으며, 모리 오가이(森鷗外)와 더불어 메이지 시대의 대문호로 일컬어진다. 그의 사상은 뒷날 많은 일본사람들에게 영향을 주었다. 나쓰메 소세키의 초상은 일본 지폐 천엔(千円) 권에 담겨 있다.

25 최서면(崔書勉, 1928~)은 강원도 원주에서 태어났다. 한·일 근대사 연구가이다. 연희전문학교에서 수학했으며, 1957년 도일한 이후 50년간 한·일 근대사와 독도 문제에 천착해왔다. 고서점뿐 아니라, 일본 외무성의 외교사료관 등 도서관·사료관에서 방대한 근대사자료와 씨름해왔다. 1970년대 안중근 의사 옥중수기와 명성황후 시해 관련 자료 등을 발굴했고, 2005년 야스쿠니 신사에 방치돼 있던 북관대첩비를 찾아내 반환받는 데 기여했다. 일본에서 도쿄한국연구원을 설립하여 활동했다. 1988년 국제한국연구원을 설립한 후에는 한국과 일본을 오가며 연구하고 있다. 일본 아세아대학교 교수와 명지대학교 석좌교수를 역임했다.

26 조선말기 왕인 고종의 비 민씨를 말한다. 고종의 황제 즉위를 계기로 명성황후(明成皇后)라 칭하게 되었다. 1851년(철종2) 경기도 여주(驪州)에서 민치록의 딸로

하고, 동해(東海) 표기가 있는 세계 각국의 지도들을 모아 전시회를 여는 등 오롯이 지도라는 외길을 걷고 있는 이가 있는데, 경희대학교 혜정박물관 김혜정 관장이다. 김 관장이 옛날 지도와 인연을 맺기 시작한 것은 30여 년 전 우연히 진보초 고서점가에서 프랑스에서 제작한 세계지도를 발견하던 순간의 감동 때문이었다. 그는 나에게 말했다.

"진보초가 없었으면 독도가 한국 것임을 밝히는 고지도는 물론 지금의 나도 존재하지 않았을 것입니다. 진보초는 내 학문의 근거지이자 내 인생의 출발점, 내 고향, 내 학교입니다."

진보초는 평생 한 우물만을 파는 사람들의 성지(聖地)다. 20여 년 전 필자의 유학 시절, 하루는 진보초의 단골 고서점 한구석에서 못 보던 책장 하나를 발견했다. 고대 그리스 철학자의 원저와 그들에 관한 연구서를 비롯해 번역서·학술잡지, 거기다 전 주인이 꼼꼼히 기록한 철학 노트까지 커다란 책장에 빽빽하게 꽂혀 있었다. 그리고 그 책과 노트들은 낱권으로 빼볼 수 없게 빨간 끈으로 묶여 있었다. 이게 도대체 무슨 일인가 싶어 주인장에게 물어보니, 그 책들을 30년 이상 모으고 공부하던 옛 소유주가 세상을 떠났는데 형편이 어려워진 부인이 한꺼번에 내놓았다는 것이다. 부인은 내놓으면서 한 가지 조건을 달았다. 이 책을 낱권으로 흩뜨리지 말고 한꺼번에 모두 해당 분야의 전공자 한 사람에게 팔아달라는 것이었다. 서점 주인은 약속을 지킨다. 그리고 평생을 바친 한 사람의 '좁은 길'이 다른 한 사람에 의해 이어진다.

진보초. 남이 알아주지 않아도 묵묵히 좁은 길을 걷는 사람들을 위한 거리. 이곳에는 연구자와 독자들을 보이지 않게 돕는 장인들이 있다. 전문성으로 잘 무장된 고서적상과 점원들이다. 창업 2세인 할 태어났다. 국내외적 혼란기에 자신의 시아버지인 흥선대원군과 정치적으로 자주 대립하였다. 개국정책으로 일본과 수호조약을 체결하였고, 임오군란과 갑신정변 때에는 청군의 개입으로 정권을 잡았다. 국내에서 일본 세력이 강화되자 친러시아 정책으로 일본을 압박하다가 일본 공사가 이끄는 낭인들에 의해 살해되었다. 뮤지컬 〈명성황후〉나 텔레비전 드라마, 비극적인 죽음 등으로 인해 주로 좋은 점만 강조되어 알려져 있으나, 우리 역사에 부정적인 영향을 준 점도 많다. 1884년 김옥균(金玉均)·박영효(朴泳孝) 등 개화파가 갑신정변을 일으키자, 심상훈(沈相薰) 등을 통하여 청군이 개입하도록 함으로써 3일 만에 개화당(開化黨) 정권을 무너뜨렸다. 또 궁궐에서 굿을 하거나 치성을 명분으로 명산대천을 찾아다니며 국고를 낭비하기도 하였다.

아버지는 산악서적, 3세 아들은 요리책, 4세 손자는 미술서를 각각 담당하는 유큐도쇼텐(悠久堂書店). 1882년 창업 이래 4대째 고지도 · 고미술서 · 우키요에(浮世繪) 등 에도 시대의 고전적(古典籍)을 취급해 온 오노쇼텐(大野書店). 당서(唐書)와 중국문학 · 동양사에 강한 야먀모토쇼텐(山本書店). 지질학 연구에 공헌한 공로로 일본지질학회의 감사장을 받은 광물 · 지질 · 암석 전문의 오쿠보쇼텐(大久保書店).

이들 서점의 점주와 점원들은 해당 분야의 젊은 대학교수들을 한 수 가르칠 수준의 지식과 정보로 무장되어 있다. 이들 또한 평생 한 우물을 파는 사람들이다. 문고판 전문서점 분코가와무라(文庫川村)의 한쪽 벽에 걸려 있는 소설가 무샤노코지 사네아쓰[27]의 휘호가 그들의 마음가짐을 대변한다. "이 길 외에 내가 살 길은 없다. 나는 이 길을 걷는다."

누구나 일본 하면 도요타자동차나 닌텐도를 떠올린다. 그러나 도요타나 닌텐도의 성취 뒤에 숨어 있는 진보초의 존재는 잘 알지 못한다. 렉서스의 아름다운 젠(禪) 스타일 곡선을 만들어내기 위해 얼마나 많은 사람이 얼마나 오랫동안 진보초의 침침한 서가 앞에 서 있었을까. 발매되는 족족 지구인의 가슴을 뒤흔드는 닌텐도의 게임 소프트웨어가 태어난 것은 우연이 아니다. 그것이 만들어지기까지는 진보초 고서점에서 구입한 몇백 엔짜리 동화책 · 만화책을 빨리 읽고 싶어 두근거리는 가슴을 안고 집으로 뛰어가던 청소년들의 꿈이 켜켜이 녹아 있다. 일본이 지금까지 받은 노벨상은 16개. 그 배경에는 누가 알아주지 않아도 평생 묵묵히 한 우물만을 판 수많은 사람의 일생이 있다. 그리고 그들에게는 지식의 자양분과 책을 읽는 지복(至福)의 순간을 생명줄처럼 공급하는 '진보초'가 있다.

27 무샤노코지 사네아쓰(武者小路實篤, 1885~1976)는 일본의 소설가다. 도쿄에서 태어났다. 부친은 귀족인 무샤노코지 가(家)에서 자작(子爵)의 여덟 번째 아들로 태어났다. 학습원초등과, 중등과, 고등과를 거쳐 1906년 동경제국대학 철학과에 입학했다. 1907년 학습원 시대부터 동급생이었던 시가 나오야(志賀直哉) 등과 '14일회'를 조직했으며 같은 해 동경대를 중퇴했다. 1908년 잡지 《망야(望野)》를 창간, 1910년에는 시가 나오야(志賀直哉), 아리시마 다케오(有島武郎), 기노시타 리겐(木下利玄) 등과 문학잡지 《시라카바(白樺)》를 창간, 이로 인해 시라카바파(白樺派)로 불린다. 톨스토이에 깊이 경도되었다고 전해진다. 1951년에 문화훈장을 받았다. 대표작으로 『그 누이(その妹)』『우정』『인간만세』『어떤 남자(ある男)』『진리선생(眞理先生)』 등이 있다.

아무짝에도 쓸모없는 책 읽기

문학평론가 김현[28]은 어린 시절 사내자식이 공부해서 판검사나 될 일이지, 소설 나부랭이나 보고 앉아 있어서는 안 된다는 부모님의 꾸중을 듣고 훌쩍거리면서 이광수[29]의 소설을 읽었다는 이야기를 한 적이 있다. 나도 어린 시절, '아무짝에도 쓸모없는' 책을 읽어서 도대체 어디다 써먹을 거냐는 핀잔을 받은 적이 있다.

니코스 카잔차키스[30]의 『그리스인 조르바』에서 자유인 조르바는 책 읽기에 대해 정면으로 문제를 제기한다.

"요 몇 해 동안 당신은 청춘을 불사르며 마법의 주문이 잔뜩 쓰인 책을 읽었을 겁니다. 모르긴 하지만 종이도 한 50톤쯤 집어삼켰을 테지요. 그래서 얻어낸 게 도대체 무엇이오?"

28 김현(1942~1990)은 한국의 문학 평론가다. 전남 목포에서 태어났다. 서울대 문리대 및 동대학원 불문과를 졸업하고 프랑스 스트라스부르 대학에 유학했다. 1990년 작고할 때까지 서울대 인문대 불문과 교수로 재직했다. 불문학자로서 『프랑스 비평사』『제네바학파 연구』『시칠리아의 암소』 등 주요한 업적을 남겼으며, 문학평론가로서 『상상력과 인간』『사회와 윤리』『말들의 풍경』『행복한 책읽기』에 이르는 그의 문장은 우리 문학의 지평을 크게 넓혔다. 그는 교수고 불문학자고 우리 시대 지고(至高)의 비평가였지만 그의 직업은 '독서인'이었다. 삶과 일 모두 책 읽기였다. 70~80년대에 살았던 소설가, 시인, 평론가 그리고 문청들은 모두라고 해도 좋을 만큼 그의 영향권 아래에 있었다고 보아도 좋다. 그와 동시대를 산다는 자체가 행복했다. 그가 죽은 후 나는 문학지에 시를 발표하는 일을 그만두었다. 사후 『김현 전집』(16권)이 출간되었다.

29 이광수(1892~1950)는 한국의 소설가다. 1892년 평안북도 정주에서 태어났다. 1905년 일진회의 유학생 신분으로 일본에 건너가서 신학문을 접하고, 1907년 메이지가쿠인(明治學院) 중학 3학년에 편입했다. 그 시절 톨스토이 작품에 심취했다고 한다. 1910년 메이지가쿠인을 졸업한 뒤 귀국하여 오산학교 교원으로 일했다. 1914년에 러시아로 갔으나 제1차 세계대전이 일어나자 귀국하였다. 1915년 다시 도일(渡日)하여 와세다대학 철학과에 재학 중이던 1917년 소설 『무정』을 발표하고 잡지 《학지광(學之光)》의 편집위원이 되었다. 1919년에는 '조선청년독립단선언서'를 기초하고 상해로 탈출하여 임시정부 기관지 《독립신문》의 주간으로 활동하였다. 1921년 귀국하여 체포되었다가 불기소 석방되었다. 1926년 수양동우회를 발족하고 기관지 《동광》을 창간하였으며, 《동아일보》 편집국장에 취임했다가 다음 해에 사임했다. 1932년 장편 『흙』을 발표했

"아무짝에도 쓸모없는 책을 읽어서 도대체 어디다 써먹을 거냐?" 이 질문은 '효용(效用)'이라는 관점으로만 사물을 바라보는 사람에게서 나오는 질문이다. 물론 책 읽기는 실용적 동기를 가진 사람에게도 쓸모있는 일임에 틀림없다. 책을 읽는 사람 중에는 사실 실무에 직접적으로 필요해서, 필요한 정보를 얻기 위해서 책을 읽는 경우가 가장 많다. 농사를 짓거나, 기계를 조립하거나, 시험 준비를 하거나, 무엇인가를 배워서 응용하기 위해 책을 찾는 사람들이 독서 인구의 가장 큰 축을 이룬다. 이런 종류의 책 읽기는 개인을 발전시키고 인류가 축적한 지식을 세대를 넘어 전승하는 아주 중요한 독서의 기능이다.

이런 책 읽기는 '공부'로서의 책 읽기이므로 누구에게도 박해받지 않는다. 수험서나 참고서를 읽고 있는 학생에게 "그딴 책을 읽어서 도대체 어디다 써먹을 거냐?"라고 말하는 부모는 아마 없으리라.

그러나 나는 독서 중의 독서, 구극(究極)의 책 읽기는 '아무짝에도 쓸모없는 책 읽기'라고 생각한다. 부모에게, 선생님에게, 또는 아내에게 핀잔 받는 책 읽기야말로 책 읽는 자에게 지고의 쾌락을 안겨주기 때문이다. 수업시간에 선생님 눈을 피해 교과서 아래에 숨겨두고 읽는 책, 중간고사 시험기간에 시험공부를 제쳐두고 자꾸만 눈이 가는 소설책, 이런 독서를 나는 사랑한다.

4만 권이 넘는 자신의 책을 밀라노 주민들에게 무상으로 나눠주라는 유언을 남기고 세상을 떠난 이탈리아 작가 주세페 폰티지아[31]는 말한다.

배우기 위해, 즐거워지고 싶어서, 글을 쓰기 위해, 또는 연설을 하기 위해, 회상하기 위해 책을 읽지 말라. 아무런 목적 없이 독서를 해야 한

고, 1922년 《조선일보》 부사장에 취임하여 다음 해 사임하였다. 1937년 수양동우회 사건으로 수감되었다가 병보석으로 풀려났다. 1939년 일본군의 '복지황군위문'에 협력하고 친일어용단체인 조선문인협회 회장으로 선출되었으며, 학병 권유차 도쿄에 다녀오는 등 친일 행위를 한 것으로 알려지고 있다. 8.15 해방 이후 '반민족행위처벌법'으로 수감되었다가 병보석으로 풀려났다. 한국전쟁 중 서울에서 납북되어 1950년 10월 폐결핵으로 사망했다. 소설에 『무정』『재생』『흙』『단종애사』『유정』『사랑』, 자서전 『나의 고백』, 역사소설 『원효대사』『이차돈의 사』『마의태자』 등이 있다.

30 니코스 카잔차키스(Nikos Kazantzakis, 1883~1957)는 그리스의 시인이자 소설가, 극작가다. 그리스의 크레타섬 이라클리온에서 태어났다. 아테네에서 법학을 배웠고, 파리에서 베르그송과 니체의 철학을 공부하였다. 여러 나라를 편력하면서, 역사상 위인을 주제로 한 비극을 많이 썼다. 동서양 사이에 위치한 그리스의 지형적 특성과 터키 지배하의 기독교인으로서 박해를 받으며 어린 시절을 보낸 그는 이런 경험을 바탕으로 그리스 민족주의 성향의 글을 썼으며, 나중에는 베르그송과 니체를 접하면서 한계에 도전하는 투쟁적 인간상을 작품 속에 그렸다. 고향을 무대로 한 소설 『그리스인 조르바』(1947), 그리스 난민의 고통을 묘사한 『다시 십자가에 못 박히는 그리스도』(1955) 등의 소설에 의해 세계적인 명성을 얻었다. 시인으로서도 뛰어났다. 호메로스를 빗대어 근대인의 고뇌를 그린 장편 철학시 『오디세이아』(1938)가 대표작이다. 극작으로 「카포디스토리아스」 「배교자(背敎者) 율리우스」 「메리사」 등이 있다.

31 주세페 폰티지아(Giuseppe Pontiggia)는 이탈리아의 작가다. 은행에서 일하다 대

다. 현재를 읽기 위해 지금 이 시간에 독서하라.[32]

그가 권하는 '목적 없는 독서'야말로 문자 그대로 '아무짝에도 쓸모없는 책 읽기'다. 이런 책 읽기는 시험에도 취업에도 농사일에도 도움이 안 된다. 그러나 도움이 안 되면 어떤가? 그 무엇보다도 책 읽기는 쾌락으로 충만해 있지 않은가.

책 읽기의 쾌락은 간접 경험의 세계가 우리에게 주는 선물이다. 우리 인간의 생 자체가 시간의 제약을 받고, 어느 순간 끝나게 되어 있는 게 아니던가. 사람이 한평생 살면서 만날 수 있는 사람, 가볼 수 있는 장소, 해볼 수 있는 역할은 누구에게나 제한되어 있다. 하지만 우리는 책 속에서 가볼 수 없는 곳을 가고, 머물 수 없는 시간 속에 머물고, 만날 수 없는 사람들을 만날 수 있다. 책 속에서 우리는 시인이 되고, 탐정이 되고, 악당이 되고, 선장이 되고, 그리고 때로 동물과 식물이 된다. 책 속에서 우리는 다른 사람의 행복과 불행, 연애와 실연, 성공과 실패를 경험하게 된다. 그러므로 아무짝에도 쓸모없는 책을 천 권 읽은 사람은 적어도 천 번의 인생을 살게 되는 것이다.

아무짝에도 쓸모없는 책 읽기는 진정 아무짝에도 쓸 데가 없을까? 오히려 아무짝에도 쓸모없는 책 읽기를 거듭한 사람일수록 나중에 세상에서 여러모로 쓸모가 많아지는 사람이 된다는 걸 살면서 새록새록 깨달아왔다. 아무짝에도 쓸모없는 책 읽기를 많이 한 사람일수록 '목적 있는 책 읽기'만 주로 한 사람들에 비해 세상을 보는 눈이나 다른 사람들을 이해하는 마음이 더 깊고 더 따뜻한 것을 나는 보았다.

학에 진학해 문학을 공부했다. 밀라노에서 40년 간 자유기고가, 문학비평가, 번역가로 활동했다. 우리나라에 소개된 책으로는 『두 번 태어나다』가 있다.

32 표정훈, 『탐서주의자의 책』, 마음산책, 41~42쪽.

목적 있는 책 읽기는 주로 실용적 요구나 발전을 위한 책 읽기다. 그런 책 읽기의 효용도 참 중요하다. 당장의 필요를 충족시키고 자기 자신을 발전시키는 책 읽기이기 때문이다. 그러나 아무짝에도 쓸모없는 책 읽기의 효용은 그 결과가 더디게 나타나지만, 그 효과는 넓고도 크다. 세상을 왜곡하지 않고 바로 보게 하고, 나 아닌 다른 사람을 편견 없이 받아들이게 하는 것도 쓸모없는 책 읽기의 효용이라고 믿는다. 이런 책 읽기야말로 사실은 가장 쓸모있는 책 읽기가 아닌가.

연암 박지원[33]의 『허생전』에는 집에 쌀이 떨어지든 말든 나 몰라라 뒷짐진 채 방구석에서 책만 읽는 '양반'이 등장한다. 세상에 모르는 일은 아무것도 없지만, 또한 할 줄 아는 일도 아무것도 없는 이 양반은 어느 날 갑자기 골방에서 나와 떼돈을 번다. 그 비결은 과연 무엇이었을까? 비록 소설 속 이야기지만, 나는 조선시대 인문학의 슈퍼스타 박지원이 설정한 '독서인'에 그 의미가 있다고 짐작한다.

책 읽는 사람의 통찰력, 신중성, 무엇보다 현실을 정확하게 분석하는 능력을 연암은 말하고자 했던 것이 아닐까? 현실 경제의 한계를 꿰뚫어본 양반은 매점매석을 통해 지금의 로또 복권보다 더 큰 대박(?)을 터뜨린다. 책장이나 넘기는 서생의 개념이 동양 그 가운데에서도 조선시대에 국한된 것이라고 못 박아서는 곤란하다.

기나긴 전통을 자랑하는 세계적인 대학들의 특징이 있다. 열이면 열 모두 전공불문하고, 책 읽기 훈련을 강도 높게 시킨다. 책 읽기 훈련을 지독하게 시키는 대학들은 쓸모있는 인재를 만드는 지름길이 '책 읽기'라고 굳게 믿고 있다. 그 믿음은 다행히 어긋나지 않았다. '아무짝에도 쓸모없는 책 읽기'야말로 정말 쓸모가 있는 책 읽기다.

33 박지원(朴趾源, 1737~1805)은 조선시대 후기의 실학자, 소설가다. 본관은 반남(潘南)이며 어릴 적 이름은 중미(仲美), 호는 연암(燕巖)이다. 서른 살 때부터 실학자 홍대용과 사귀고 서양의 신학문을 접했다. 1777년(정조 1년) 세도가 홍국영에 의해 벽파로 몰려 신변의 위협을 느끼자, 황해도 금천의 연암협(燕巖峽)으로 이사하여 독서에 전념했다. 그의 아호인 연암은 여기서 온 듯하다. 그 후에 1780년(정조 4년) 친척 형 박명원이 사은사가 되어 청나라에 갈 때 따라갔다. 청나라의 랴오둥ㆍ러허ㆍ베이징 등지를 여행하면서 청나라의 문물을 살펴보고 돌아와서 유명한 기행문 「열하일기(熱河日記)」를 썼다. 이 책에서 그는 청나라 문화를 우리나라에 소개하고, 당시 조선의 정치ㆍ경제ㆍ사회ㆍ문화 등 각 방면에 대해 비판했으며 개혁을 주장했다. 1786년 선공감감역(繕工監監役)을 시작으로 사복시주부(司僕寺主簿), 의금부도사 제릉령, 한성부판관, 안의현감, 면천군수 등을 지냈다. 1800년에 양양부사가 되고 그 이듬해 벼슬에서 물러났다. 그는 홍대용ㆍ박제가 등과 함께 북학파의 지도적 인물로서 이용후생(利用厚生)의 실학을 주창하였다. 특히 당시로서는 획기적인 자유롭고 기발한 문체를 구사한 여러 편의 한문소설을 발표했다. 이 저작들에서 그는 근대사회를 예견하는 새로운 인간상을 만들어냈다고 평가된다. 이덕무, 박제가, 유득공, 이서구 등이 그의 제자다. 저서에 『연암집(燕巖集)』『과농소초(課農小抄)』『한민명전의(限民名田義)』 등이 있고, 작품에 「허생전(許生傳)」「호질(虎叱)」「예덕선생전(穢德先生傳)」「민옹전(閔翁傳)」「양반전(兩班傳)」 등이 있다.

책의 적(敵), 화씨 451도

　윌리엄 블레이드[34]는 1880년에 나온 『책의 적들 The Enemies of Books』에서 불, 물, 가스, 열, 빛, 먼지, 책벌레, 나태, 무지의 아홉 가지 적(敵)이 책과 맞선다고 했다. 그 가운데 가장 무서운 놈은 불이다. 물에 젖은 책은 퉁퉁 불긴 하겠지만 말려서 어떻게든 볼 수 있고, 가스, 열, 빛과 먼지, 책벌레도 책을 훼손하여 그 수명을 점점 줄어들게 하겠지만 존재를 깡그리 없애는 건 아니다. 나태와 무지는 책의 입장에서 볼 때 인간이 불쌍한 일이긴 하되 스스로에게 위협적인 일은 아닌 듯하다.
　역시 불이 문제다. 누군가 책을 없애버릴 심산으로 작정하고 불을 붙이면 속수무책이다. 인류의 역사에는 책을 불태우는 사람들이 종종 등장한다. 네로, 진시황, 히틀러 같은 사람들이다. 인류는 후에 이들을 독재자라고 부르게 되는데 이들의 공통점은 바로 책을 불과

34 윌리엄 블레이드(William Blades, 1828~1890)는 영국의 작가이자 출판업자다. 런던에서 태어났다. 1840년 부모가 경영하는 인쇄소의 도제로 출판 인생을 시작했고, 7년 동안의 도제 생활을 마치고 나서 공동경영자가 되었다. 지은 책으로 『책의 적』 『윌리엄 캑스턴의 생애와 인쇄술 The Life and Typography of William Caxton)』 등이 있다.

만나게 했다는 점이다. 이 사실에서 우리는 책이 독재자가 공통적으로 미워하는 어떤 특별한 성질을 가지고 있다는 점을 알 수 있게 된다. 책은 다른 어떤 매체보다 개인적이고 독립적인 매체이며, 또 인간의 상상력의 폭을 넓히는 매체이기 때문에 집단성, 종속성, 획일성을 좋아하는 독재자에게는 '눈엣가시'인 것이다.

레이 브래드버리[35]의 소설 『화씨 451[36]』에는 미래 사회의 독재자가 등장한다. 이 독재자는 파이어맨(fireman)을 소방관(消防官)이 아닌 방화관(放火官)으로 만들어서, 책이라는 책은 어디든 찾아다니며 불태우고, 책 읽는 사람들을 무자비하게 탄압한다. 그 책에서 '파이어맨'이 책을 불태우는 이유는 분명하다. 폐쇄된 통제 사회를 유지하기 위해서는, 자신이 누구인지를 아는 사람, 자신의 마음을 자신이 통제할 수 있는 사람, 타인에게 관심을 가지는 사람, 자신과 사회의 연결을 느끼는 사람이 생겨서는 안 되기 때문이다. 그 가장 쉽고 간단한 방법이 책을 불태우는 것이었다. 화씨 451도는 책이 불에 타는 온도다.

다행스럽게도 소설 결말에는 희망의 불씨가 보인다. 파이어맨에 맞서는 희망의 집단들이 곳곳에 나타난다. 그들은 다름 아닌 부랑자 집단이다. 이 사람들은 각자가 맡은 책의 내용을 통째로 암기해서 다른 사람들과 후세에 전하는 막중한 임무를 맡는다. 이들은 움직이는 인간 도서관이다. 어떤 이는 소크라테스, 또 다른 이는 플라톤, 이런 식으로 외운 책의 내용을 사람들에게 구술로 전함으로써 인류의 지적 유산이 사라지는 일을 막는 것이다.

윌리엄 블레이드가 책의 아홉 적들을 고발한 지 130여 년이 지난 지금, 영화, 텔레비전, 인터넷, 그리고 휴대전화 등 강적들이 줄줄이

35 레이 브래드버리(Ray Bradbury, 1920~)는 미국의 소설가이자 극본가다. 스무 살 때 첫 단편소설을 발표한 후 단편과 장편, 희곡, 시 등 장르를 넘나드는 500여 편의 작품을 발표했다. 환상 문학의 대가이지만 일반 문학에서도 인정받았다. 『화씨 451』『화성연대기』 등 작품 곳곳에서 현대의 과학문명을 통렬하게 비판하고, 과학기술이 발달한 현대 사회의 그늘에서 사라져가는 인간성과 인류의 정신문화를 지키려는 노력을 그렸다. 1956년 존 휴스턴 감독의 영화 〈백경 Moby Dick〉의 각본을 썼으며, 자신이 만든 스토리 중에서 65개의 작품을 '레이 브래드버리 시어터 The Ray Bradbury Theater'란 이름으로 텔레비전에서 방영하였다. 에미상을 비롯해서 관련된 상을 7차례나 수상하였다. 『화씨 451』『화성연대기』『무언가 위험한 것이 이리로 오고 있다』『문신한 사나이』 등 많은 작품이 영화로 만들어졌다. 오늘날 아서 클라크, 아이작 아시모프 등과 함께 SF문학의 거장으로 여겨지고 있다. 2000년 미국 국립도서재단으로부터 '미국문학 공헌훈장'을 받았으며, 2004년 '내셔널 메달 오브 아트' 상을 수상했다.

36 레이 브래드버리가 쓴 SF소설의 대표작. 프랑소와 트뤼포 감독이 이 소설을 원작으로 1966년 같은 제목의 영화를 만들었다. 브래드버리가 이 책에서 그린 미래사회는 책이 금지된 전체주의 사회다. 주인공의 직업은 책을 불태우는 일. 『화씨 451』은 종이가 타기 시작하는 온도를 말한다. 주인공 가이 몬태그는 책을 불사르는 일을 하고 있다. 그 직업의 이름이 역설적이게도 방화수(fireman)다. 그러나 그는 남몰래 한 권 한 권 책을 빼돌려서 모으기 시작한다. 그가 만난 한 소녀는 그에게 '소방수가 불을 끄던 시절, 사람들이 책을 읽으며 자유롭게 대화를 나누던' 시절의 이야기를 들려준다. 엄격하게 통제된 미래사회를 타자(他者)로 해서 '책'으로 상징되는 '생각의 자유'의 소중함을 일깨워주는 이야기다.

나타나서 또다시 책을 위협하고 있다. 신간 서적의 발행종수가 해마다 줄어들고 있고, 특히 인문학 분야의 출판이 눈에 띄게 위축되고 있다. 동네의 작은 서점들이 거리에서 자취를 감추었다. 그중에서도 젊은이들의 활자 이탈은 미래 전망을 더욱 어둡게 하는 적신호가 되고 있다. 책을 가장 가까이 하는 사람들이 모여 있는 대학도 사정은 같다. 잔디밭에서건 벤치에서건 책을 들고 있는 학생을 만나기는 쉽지 않다. 옆에 친구가 앉아 있는데도 휴대전화에서 한시도 눈을 떼지 않는다. 신문 또한 활자이므로 읽지 않는다. 특정 신문을 강력하게 비판하는 젊은이가 그 신문을 읽지 않으며, 또 다른 신문을 찬양하는 대학생조차 그 신문에 난 기사를 알지 못하는 희극이 벌어지곤 한다.

이제 곧 영상매체가 인쇄매체를 완전 대체할 것인가? 대답은 '아니오'가 아니라 '아니 되오'다. 활자매체를 읽음으로써 우리가 얻어온 것을 영상매체에게 모두 기대할 수 없기 때문이다. 활자매체가 식물성이라면 영상매체는 동물성이다. 움직이는 영상은 우리를 기다려 주지 않고, 오히려 우리를 삼키려고 의도한다. 읽다가 생각에 잠길 수 없으며, 의심나면 다시 한 번 돌아가서 확인하기도 쉽지 않고, 읽다가 덮어버리기도 어렵다.

책을 읽을 때는 사람이 주인이다. 읽으려는 의도와 읽는 속도, 그만두는 행위를 사람이 스스로 통제하기 때문이다. 그러나 영상매체는 사람보다 더 힘이 세고, 사람보다 더 빨라서 사람을 종종 압도한다. 물론 편하기는 하다. 영상의 속도에 감정을 맞춰두면 스스로 생각하지 않아도 되기 때문이다. 그리하여 기뻐하고, 슬퍼하고, 화내는 일을 남의 의도에 내맡기기 쉽다. 책 읽는 일이 사람과 사람 사는 세상을 위해 참으로 중요한 까닭이 바로 여기에 있다.

　사람은 스스로 책을 고르고, 책장을 연다. 또 스스로 활자를 따라 눈동자를 굴리고, 때로 앞장으로 되돌아가려고 손가락을 움직인다. 또는 읽다가 팍 덮어버리거나 휙 던져버린다. 이 모두 사람이 스스로 하는 일이다. 따라서 텔레비전을 보거나 휴대전화로 통화하는 일보다 귀찮고 힘이 드는 일임에는 틀림없다. 그러나 그래서 그만큼 더 가치 있는 일이다. 책을 읽는 일은 사람이 스스로의 몸과 마음의 주인이 되는 일이기 때문이다.

책 속에서
타자(他者)를 만나다

지나간 20세기는 전쟁의 세기였다. 두 번의 세계대전, 그리고 베트남 전쟁, 세기말의 걸프전[37]에 이르기까지 20세기 백년의 역사는 전쟁을 기록한 일기장이다. 무려 1억 2천 만 명의 사람들이 130번이 넘는 전쟁에서 죽어갔다. 전쟁은 증식과 변이를 거듭해왔다. 인류절멸(人類絶滅)의 가능성을 축적한 핵의 균형 체제, 무수한 비정규적 게릴라전, 미디어 전쟁으로 일컬어지는 걸프전, 지상군 투입이나 공격군 측의 희생 없이 끝났다고 해서 '깨끗한 전쟁'으로 불리는 코소보 전쟁[38]에 이르기까지.

그리고 그러한 전쟁 하나 하나에 미디어가 깊이 관여해왔다. 한편으로는 전쟁이 미디어의 발달과 성장에 결정적인 계기로 작용했다. '미디어는 피를 먹고 자란다'는 말 그대로 전쟁과 폭동, 분쟁은 미디어 기술을 끌어올리고 미디어산업을 팽창시켜왔다. 전쟁과 미디

37 이라크가 쿠웨이트를 침공한 것을 계기로 1991년 1월 17일~2월 28일 34개 다국적군이 이라크를 상대로 벌인 전쟁. 미국이 주도하는 다국적군은 첨단 신병기를 동원해서 이라크군을 공격하여 쿠웨이트로부터 축출하였다. 이라크군은 42개 사단 중 41개 사단이 궤멸되고 약 20만 명의 사상자를 낸 데 비해, 다국적군은 300여 명의 전사자를 내는 데 그치는 다국적군의 일방적 승리로 끝났다. 이 전쟁은 최첨단 하이테크 무기의 시험장이었다는 점, 대중매체를 통한 여론조작이 행해졌다는 점에서 그전의 전쟁과는 구별되는 '특별한 전쟁'이었다.

38 1999년 3월 24일 나토군이 유고슬라비아에 공습을 감행하면서 벌어진 전쟁이다. 유고슬라비아가 나토가 내건 공습중지 조건을 모두 받아들임으로써 이해 6월 9일에 끝났다. 북대서양조약기구(NATO)로 대표되는 서구 진영이 인도주의를 표방하면서 신유고연방의 내전에 개입한 전쟁이다.

어는 이제 떼려야 뗄 수 없는 관계가 됐다. 21세기에 우리는 전쟁과 미디어가 완벽하게 결합한 형태를 생생히 목격했다. 2001년 9월 11일에 발발해 지금까지 끝나지 않고 있는[39] 이 '이상한 전쟁'의 기운을 대부분의 사람들은 CNN이나 알자지라 등의 위성미디어가 지시하는 대로 듣고 보고 느끼고 있다.

미디어 시대의 전쟁은 군사전략가들이 할리우드 영화 기획자를 능가하는 솜씨로 계획하고 감독한다. 영화나 컴퓨터게임과 흡사하다. 그뿐 아니다. 2001년 9월 11일에 일어난 9·11테러는 처음부터 텔레비전 카메라에 찍히는 것을 전제로 계획되고 연출된 이벤트였다. 테러리스트들은 세계무역센터 빌딩을 부수고 싶었던 것이 아니라, 그것이 부서지는 모습을 텔레비전을 통해 보여주고 싶었던 것이다.

9·11 이후 세계의 움직임을 보고 있노라면, 우리가 살고 있는 21세기 또한 20세기에 뒤지지 않는 살육의 시대가 될 것 같다. 우리는 텔레비전 화면 속에서 수천 명의 생명이 일순간에 없어지는 것을 보았다. 우리는 경악했지만, 미디어는 그것을 담담하게 중계했다. 그리고 우리는 곧 잊었다. 미디어는 앞으로도 '몇 명이 죽었다'고 담담하게 쓰거나 로켓탄이 하늘을 날아가는 깨끗한 영상을 안방에 배달할 것이다. 항생제의 내성이 점점 강해지는 것처럼, 수백 명이 죽어도 우리는 눈 하나 깜빡하지 않고 식탁 위의 팝콘을 입에 넣을 것이다.

어떻게 하면 이 '끔찍한 무관심'을 극복할 수 있을까? 이탈리아의 기호학자 움베르토 에코와 마르티니 추기경의 서간집 『무엇을 믿을 것인가[40]』에는 그 해답의 작은 단서가 비친다.

로마교구의 마르티니 추기경이 던진 "비신앙인은 어디에서 선

39 9·11 테러 직후에 쓴 이 글을 오랜만에 고쳐 쓰고 있는 동안 9·11 테러의 주도자로 미국정부가 지목해온 오사마 빈 라덴이 파키스탄의 한 마을에서 사살되었다는 뉴스가 흘러나온다.

40 움베르토 에코·마르티니(이세욱 역), 『무엇을 믿을 것인가』, 열린책들, 1998. 그리고 이 글은 같은 출판사에서 나온 다른 책에도 실려 있다(2003).

(善)의 빛을 찾는가?'라는 질문에 대한 에코의 대답은 이렇다. "자기 안에 있는 타자(他者)를 발견할 때 사람은 비로소 '윤리'를 얻는다." 사람은 타자를 인식함으로써 다른 사람의 육체를 존중하고 그 육체의 확장인 다른 사람의 말, 사상을 인정하게 된다는 것이다.

그렇다면 도대체 무엇 때문에 대량학살, 식인 풍습, 타자의 육체에 대한 모욕을 인정하는 문화가 과거에 있었거나 지금도 있는 것일까요? 그 문화들은 '타자'의 개념을 단지 부족공동체에만 국한시키고, '야만족'을 인간이 아닌 존재로 간주하기 때문입니다. 십자군 병사들조차 이교도들을 사랑해야 할 이웃으로 간주하지 않았습니다. 타자의 역할을 인정하는 것, 우리를 위해 포기할 수 없다고 생각하는 욕구들을 타자에게서도 존중해야 할 필요성, 이것은 바로 천년에 걸친 인류 성장의 결실입니다.

― 움베르토 에코(김운찬 역), 『누구를 위하여 종은 울리나 묻지 맙시다』, 열린책들

사람이 사람을 죽이는 것은 오래 계획된 일이든, 잠깐 동안의 착각이든, 피해자를 인간이 아닌 물(物)로 간주함으로써 생기는 일이다. 나치의 유대인 대량학살은 나치 학살자들이 '타자'의 범위를 자기 민족으로 국한시켰기 때문에 생긴 일이리라.

그렇다면 이 영상미디어의 시대에 우리가 해야 할 일은 무엇인가. 전쟁과 살인의 물화(物化)를 거부하는 일, 미디어 이벤트가 된 전쟁과 테러의 와중에도 인간이 있다는 사실을 가슴으로 느끼는 일, 텔레비전을 끄고 책을 읽는 일이다.

책 읽기를 통해 우리는 타자(他者)를 만난다.

내가 다른 사람의 삶을 살 수 있다는 것, 다른 사람이 될 수 있다는 것, 이것이야말로 독서가 우리에게 가져다주는 가장 특별한 혜택이다. 대부분의 사람은 살면서 자기가 살고 있는 지역과 자기가 살아가는 시대, 그리고 자기가 몸담은 계층의 벽과 틀을 벗어나기 어렵다. 그래서 자기와 전혀 다른 사람들을 만나기가 어렵다. 그러나 책은 인간에게 주어진 공간과 시간의 벽을 넘어 수많은 인간 유형을 만나게 해준다. 우리는 책 속에서 허락도 약속도 없이 여러 유형의 인간들과 마음대로 만나고, 자유롭게 대화를 나눌 수 있다. 책 속에서 내가 아닌 다른 사람이 어떤 존재인지를 알게 되는 것이야말로 인간을 이해하는 출발선에 우리를 세워준다.

아래 시는 일본 시인 이이지마 고이치[41]의 「고야의 퍼스트·네임은」이라는 시의 첫 구절이다.

고야의 퍼스트·네임은

어떤 일에도 크게 관심이 없다는 건
불행한 일이다
스스로의 내부를
단지 눈을 감고 엿보고 있을 뿐.
어떤 일에도 큰 흥미가 없었던 네가
어느 날

고야의 퍼스트 네임이 알고 싶어서
옆방까지 한숨에 달려왔다.
살아 있다는 건
고야의 퍼스트 네임을
알고 싶어 한다는 뜻이다.
(중략)

— 이이지마 고이치(김무곤 역), 「고야의 퍼스트·네임은」(일부)

   평소에 어떤 일에도 그다지 흥미가 없이 자신의 내부에 폐쇄되어 있던 '네'가 갑자기 스페인 화가 고야[42]의 퍼스트 네임이 알고 싶어진 것을 계기로 점점 더 바깥 세계에 눈을 돌리게 된다. 우연히 품게 된 다른 사람에 대한 작은 관심 하나가 스페인과 유럽에 대한 관심으로 이어지고, 그것이 결국 자신의 삶에 대한 자각으로 이어진다는 내용의 시다.

   시인은 말한다. "살아 있다는 건/ 고야의 퍼스트 네임을/ 알고 싶어 한다는 뜻이다"라고. 그렇다. 살아 있다는 건 그저 숨 쉬는 것이 아니라, 타자(他者)를 통해 세계와 자신을 연결하는 일이다. 책 읽기는 진정한 삶을 향해 열린 문(門)이 아닌가.

41 이이지마 고이치(飯島耕一, 1930~)는 일본의 시인·소설가·문학평론가다. 오카야마 현에서 태어났다. 1952년 도쿄대학 불문과를 졸업했다. 코쿠가쿠인대학과 메이지대학 교수를 지냈다. 1953년 시집 『타인의 하늘』을 간행, 1955년 슈르리얼리즘 연구회를 만들었다. 시집 『고야의 퍼스트·네임은』으로 다카미 준상(高見順賞), 『밤을 몽상하는 작은 태양의 혼잣말』로 현대시인상, 『아메리카』로 요미우리문학상과 시가문학관상을 받았다. 평론집으로 『일본의 슈르리얼리즘』 『슈르리얼리즘이라는 전설』 『현대시가 젊었을 때』 등이 있다. 또 소설 『암살백미인』으로 드·마고 문학상을 받았으며, 『소설·육바라 카프리쵸스』 『요코하마 요코스카 바쿠마츠 파리』 등이 있다. 2000년에서 2001년에 걸쳐 저작집 『이이지마 고이치·시와 산문』(5권)이 간행되었다.

42 프란시스코 고야(Francisco José de Goya y Lucientes, 1746~1828)는 스페인의 화가다. 그는 궁정화가의 전통을 이은 마지막 고전 화가이면서도, 대상과 거리를 두고 화가 자신의 시선을 통해 대상을 해체하는 근대적 회화의 선구자였다. 그는 82년의 생애에 걸쳐 700여 점의 회화와 300여 점의 판화, 900여 점의 드로잉을 남겼다. 당시 궁정 사회의 무기력, 퇴폐를 묘사한 〈카를로스 4세의 가족 The Family of Charles Ⅳ〉(1800), 여성에 대한 종래의 고전적 시각을 전복한 〈옷을 입은 마하 Maja vestida〉〈옷을 벗은 마하 Maja desnuda〉(1800~1805), 나폴레옹군에 의해 자행된 살육과 광기를 철저히 재현한 〈1808년 5월 3일 The 3rd of May 1808〉(1809)과 연작판화 〈전쟁의 참화 Los desastres de la guerra〉(1810~1814) 등의 작품이 유명하다. 중병으로 청각을 잃은 체험과 프랑스군의 침략으로 일깨워진 민족의식이 그를 리얼리즘의 세계로 이끌었다고 한다. 대부분의 대표작(유화 114점, 데생 470점)이 마드리드의 프라도미술관에 소장되어 있다.

리더(Reader)가
리더(Leader) 된다

    강의나 강연을 할 때 될 수 있으면 사례를 많이 드는 것이 좋다. 청중의 이해를 돕기 때문이다. 그런데 요즘 책에서 읽은 예를 들면 듣는 이들이 못 알아들을 때가 많다. 잃은 점수를 만회하려고 텔레비전 드라마나 오락프로그램에서 따온 예를 들면 그때서야 와르르 웃음이 쏟아지거나 고개를 끄덕끄덕 흔들어준다.

    우리사회에서 책은 이제 더 이상 지식을 공유하고 사회를 통합하는 기제가 아니다. '책 따위'는 읽지 않아도 사람들과의 소통에 아무런 지장 없이 살아갈 수 있는 곳이 한국 사회다. 그러나 텔레비전의 오락프로그램에 등장했던 연예인의 신변잡기나, 몇백 만 명이 관람한 조직폭력배 영화의 유명한 대사를 따라 외우지 못한다면 그는 더 이상 한국 사람이 아니다. 책에서 읽은 지식은 친한 친구들 사이에서도 소통되지 않는다. 관련 통계를 보아도 우리 국민의 40퍼센트 이상이 1년에 책을 한 권도 안 읽는다고 한다. 또 1990년대에 5,000개가 훨씬 넘었던 서점 수가 2000년대에 들어서서 그 반 정도로 줄어들었다고 한다.

사실, 학생들이 책을 읽지 않으니 누가 읽겠는가? 요즘 학생들은 공부하는 양이 엄청나다. 어떤 어려운 과제를 내더라도 인터넷으로 검색하여 척척 해낸다. 그러나 그 많은 공부를 한 학생들에게 너는 어떻게 생각하느냐고 물어보면 제 힘으로 스스로 대답하는 사람은 적다. 책을 읽거나 사색하여 얻은 성찰적 지식이 아니라 인터넷이나 비디오에서 '빌려온' 지식이기 때문이다.

그들은 왜 읽지 않을까? 여러 가지 이유가 있겠지만, 가장 큰 이유는 책을 읽는 일과, 성공하고 돈을 버는 일이 관계가 적다고 여기기 때문일 것이다. 현재 우리 사회의 모습은 이런 생각을 가진 사람들의 의견에 힘을 실어주고 있다. 성찰되고 정제되고 검증받은 지식은 무시되고, 설익은 사상, 자극적인 발언, 돌출적인 생각들이 주목받는다. 그러나 나는 이런 현상이 사회 변동기의 짧은 한 시기에 일어나는 이례적인 현상이라고 믿고 싶다. 그리하여 독서와 성공이 관계가 없다고 믿는 사람들의 생각이 커다란 착각이었음을 알게 되는 날이 올 것으로 기대한다.

왜 책을 읽어야 하는가? 특히 어린이와 학생들은 왜 책을 읽어야 할까? 미국의 어느 어린이 책 읽기모임에서는 그 답을 이렇게 제시했다. "오늘의 리더(Reader)가 내일의 리더(Leader)가 된다." 실제로 세계 최고 기업의 CEO, 변화를 추구하고 존경받는 지도자들은 한결같이 읽고 또 읽는다. 유럽의 많은 정치인들이 여름 바캉스를 다녀와서 책을 한 권씩 펴내는 것은 그들이 바캉스 떠날 때 자동차 트렁크에 책을 한 짐씩 싸가지고 가기 때문이다.

중국의 마오쩌둥[43], 장쩌민[44] 같은 정치지도자들은 공식석상에서 고전을 인용하거나 시를 읊는 것으로 유명했다. 기업인들도 예외가 아니다. 빌 게이츠[45]는 어린 시절부터 끔찍한 책벌레였다. 세상에서 제일 바쁜 사람 가운데 하나인 빌 게이츠는 지금도 하루 한 시간, 주말에는 적어도 서너 시간의 독서 시간을 가지려고 노력한다고 밝힌 바 있다. 그는 성공의 비결을 "오늘날의 나를 만든 것은 동네의 공립 도서관"이었다는 말로 대신하기도 했다.

휴렛 팩커드 사(HP)[46]의 전 CEO인 칼리 피오리나[47]는 대학 시절 고전을 간략하게 요약하는 독서 훈련을 쌓았고, 그것이 지금의 기업 경영에 큰 도움이 된다는 의미심장한 말을 했다.

골프광으로 잘 알려진 빌 클린턴 전 대통령은 독서광이기도 하다. 대통령 재직 시절 그는 10일 정도 휴가에 12권 정도의 책을 가지고 갔다고 한다. 클린턴 대통령이 휴가 때 무슨 책을 읽느냐는 항상 뉴스의 초점이었고 서점가의 관심사였다. 그가 읽는 책이 베스트셀러로 오르기 십상이었기 때문이다. 그의 설득력 있는 연설은 깊은 독서에서 나왔음이 틀림없다. 언젠가 그의 자서전 『마이 라이프 My Life』를 읽은 적이 있는데 그 책에는 클린턴의 인생사가 말 그대로 '독서의 역사'였음이 여실히 드러나 있다.

미국 '토크쇼의 여왕' 오프라 윈프리[48]는 미국에 독서 열풍을 일으킨 주인공이다. 윈프리는 빈민가의 가난한 집안에서 자랐다. 14세에 원치 않는 임신을 하고 20대에 마약을 하는 등 방황의 시절을 보

43 마오쩌둥(毛澤東, 1893~1976)은 중국의 정치가이자 공산주의 이론가다. 후난성 샹탄현 사오산에서 출생했다. 가난한 농부의 아들로 태어나 아버지의 농사일을 도우며 여덟 살 때 초등학교에 입학했으나 열여섯 살까지 아버지의 반대로 학교에 들어가지 못하고 집안의 농사일을 돕다가 1909년 둥산고등소학교에 들어갔고 후에 창사의 샹샹중학으로 옮겼다. 1911년 10월 신해혁명이 일어나자 혁명군에 입대하였다가 1912년 제대한 뒤 제1중학에 입학하고, 이어 제1사범학교에 들어갔다. 그는 이 학교의 교사 양창지(楊昌濟)로부터 많은 영향을 받았다. 재학 중이던 1917년, 후난성의 진보적 지식인들의 거점이 된 신민학회(新民學會)를 조직하였다. 1918년 10월 소년중국학회에 가입하였고, 양창지의 소개로 베이징대학 도서관의 조교로 일하면서 철학회와 신문학연구회의 활동에 가담했다. 1919년 5·4운동 발발 후 후난학생연합회를 설립하고 《샹장평론(湘江評論)》을 펴냈으나 곧 폐간당하고 베이징으로 도망쳤다. 1920년 상하이에서 천두슈(陳獨秀)를 만났으며, 창사로 돌아와 1924년까지 창사제1사범학교 부속소학교 교장 겸 사범부의 어문(語文) 교사가 되었다. 1922년 양창지의 딸 양룬후이와 결혼, 그해 후난성 대표로서 중국공산당 제1차 전국대표대회에 나갔다. 1924년부터 중국공산당 중앙위원·중앙집행위원·선전부장 대리·중앙농민부장 등을 역임했으며, 1931년 중화 소비에트정부 중앙집행위원회 주석과 인민위원회 주석에 올랐다. 1934년 10월 루이진에서 옌안까지 1만 2,500킬로미터에 이르는 장정을 시작하였으며, 도중에 구이저우성(貴州省) 쭌이회의에서 당 지도권을 장악하였다. 국공합작에 성공한 후 홍군을 국민혁명 제8로군으로 개편하여 일본군과 싸웠다. 『지구전론』(1938), 『신단계론』(1938), 『신민주주의론』(1940)을 발표하였다. 1945년 4월 제7차 중국공산당 전국대표대회에서 중앙위원회 주석이 되었으며, 1946~1948년에는 장제스의 국민당군과 내전을 벌여

냈다. 자칫 인생의 낙오자가 될 운명에 갔지만 독서가 그를 수렁에서 건져주었고 인생을 바꾸어놓았다. 고난을 극복하는 흑인 여성들의 삶을 다룬 소설을 읽고 마음을 다잡았다. 이제 그는 미국에서 가장 성공한 여성 중 한 명이다.

책 읽는 지도자들이 외국인들뿐인 것은 아니다. 삼성그룹의 고(故) 이병철[49] 회장은 평소에도 늘 책을 가까이 했지만, 연말마다 도쿄에 가서 책을 가득 사서 읽고 돌아왔다. 그해의 사업방향을 이때 확실하게 세우고 돌아온다고 해서 사람들은 이회장의 독서 행보를 '도쿄 구상'이라는 말로 표현했다.

한진그룹 창시자인 고(故) 조중훈[50] 회장은 새벽에 일찍 일어나 꼭 책을 읽고 나서야 하루 업무를 시작한 것으로 알려져 있다. 그러니 바빠서 책 읽을 시간이 없다는 핑계는 말 그대로 핑계일 뿐이다.

박용만 두산그룹 회장은 재계에서 독서광으로 유명하다. 매달 20~30권의 책을 구입한 후 집무실이나 집에서 시간이 날 때마다 읽곤 한다고 한다. 잘 알려진 '파워 트위터리안'이기도 한 박회장은 가끔 트위터를 통해 팔로워들에게 감명 깊게 읽었던 책들을 소개하고 있는데 인기가 많다. 조회수가 수천에서 1만 건까지 올라가곤 한다.

정보의 홍수 속에서 필요한 정보를 신속하고 간명하게 선택하여 적절한 판단을 내려야 하는 피 말리는 시간의 연속을 보내야 하는 리더(Leader)는 먼저 리더(Reader)여야만 한다. 자기계발을 향한 강한 의지, 타인의 의견에 귀 기울이는 열린 귀 또한 리더(Leader)의 조건이자 리더(Reader)의 속성이다. 그러니 자신이 내일 지도자(Leader)가 될 것인가 아닌가는 오늘 내가 독자(Reader)인가 아닌가를 점검해보면 된다.

승리하였다. 1949년 10월 1일 중화인민공화국 정부를 베이징에 세우고 국가주석 및 혁명군사위원회 주석으로 선출되었다. 1957년 「인민 내부의 모순을 바로잡는 문제에 대하여」를 발표, 1958년에는 제2차 5개년계획의 개시와 더불어 '총노선' '대약진' '인민공사' 등 이른바 3면홍기(三面紅旗) 운동을 폈다. 1959년 4월 국가주석직을 사임하고 죽을 때까지 당주석으로만 있었다. 1964년 4월 『마오쩌둥어록(毛澤東語錄)』을 간행했으며, 1965년 10월 이후에는 당내에서 고립되어 사실상 연금상태에 있었으나 문화대혁명을 기획·지휘함으로써 부활했다. 1960년 이후의 중소논쟁과 문화대혁명 시기에 '마오쩌둥사상'을 내걸었다. 1968년 10월, 1959년부터 국가주석으로 있던 류샤오치(劉少奇)를 실각시키고 재집권하였다. 1970년 헌법수정초안을 채택하여 1인 지도체제를 확립하고 중국 최고지도자로 군림했다. 1976년 4월 톈안먼사건(天安門事件)이 일어난 몇 달 뒤인 1976년 9월 9일 83세를 일기로 사망했다.

44 장쩌민(江澤民, 1926~)은 중국의 정치가다. 중국 장쑤성(江蘇省) 양저우(揚州)에서 태어났다. 상하이교통대학 전기학과를 졸업하였다. 재학 시절 상하이 학생운동권의 핵심인물로 두각을 나타냈다. 1946년 중국공산당에 입당하였으며 졸업 후에도 지하활동을 계속하였다. 1949년 상하이에 있는 식품공장·비누공장·전기기계공장의 서기·공장장 등을 지내고, 1955년 모스크바 스탈린 자동차공장에서 1년간 연수하였다. 1956년 귀국 후 1966년까지 창춘(長春)·우한(武漢)·상하이 등에서 공장관리자 및 공업연구소 책임자로 일했다. 1966년 문화대혁명이 시작되자마자 당과 공직에서 추방되어 10년 동안 피신생활을 하다가, 1976년 국무원 제1기계공업부의 책임자로 복귀하였다. 1980년 전국인민정치협상회의 위원이 되었다. 1983년 국무원 전자공업부장(장관)에 오르고,

1984년 국무원 전자공업진흥위원회 부위원장을 지냈다. 1985년 상하이 시 시장이 되고, 이어 1987년 상하이 시 당 서기장과 당 중앙정치국 위원으로 선출되면서 중국의 핵심인물로 등장했다. 1989년 6월 당 총서기 자오쯔양(趙紫陽)이 톈안먼(天安門) 시위에 동조하였다는 이유로 실각하자, 같은 달에 개최된 제13기 4차 중국공산당 중앙위원회 전체회의에서 당 총서기에 선출되었다. 이어 1990년 4월 중국의 최고실권자 덩샤오핑(鄧小平)의 마지막 공직이었던 국가중앙군사위원회 주석에 선출됨으로써 당과 정부의 전권을 장악하였다. 2002년 당 총서기, 2003년 국가 주석, 2004년 당 중앙군사위 주석, 2005년 5월 국가중앙군사위 주석 자리를 후진타오에게 물려주어 평화적 정권교체를 이루었다.

45 빌 게이츠(Bill Gates, 1955~)는 워싱턴 주 시애틀에서 태어났다. 미국의 기업가. 1973년 하버드대학교 법학과에 입학하였으나 수학과로 전과하였다. 1974년 폴 앨런과 함께 최초의 소형 컴퓨터용 프로그램 언어인 베이직(BASIC)을 개발하였다. 1975년 대학을 중퇴하고 뉴멕시코 주 앨버커키에서 마이크로소프트 사를 설립하였다. 1981년 당시 세계 최대의 컴퓨터 회사인 IBM사로부터 퍼스널컴퓨터에 사용할 운영체제 프로그램(후에 DOS라고 명명됨) 개발을 의뢰받은 것을 계기로 지금의 기틀을 마련하게 되었다. 1995년 8월 '윈도우즈 95'를 출시함으로써 퍼스널컴퓨터 운영체제의 획기적 전환을 가져왔으며, 이는 발매 4일 만에 전 세계적으로 100만 개 이상의 판매실적을 올리는 대기록을 세웠다. 2009년 《포브스》지에 의해 미국 갑부 제1위에 선정되기도 하였다. 2007년 6월 7일 하버드대학교의 명예졸업장을 받았다. 2008년 1월 24일에는 스위스 다보스 세계경제포럼에서 한 기조연설에서 기업에게 복지의 의무를 주장하는 창조적 자본주의를 주창하였다. 빌 게이츠는 2000년 1월 마이크로소프트의 최고경

영자 직책에서 물러났으며, 이후 회장직과 더불어 '최고 소프트웨어 설계자(chief software architect)' 직책을 신설하여 맡았다. 2008년 6월 27일, 그는 마이크로소프트의 명예회장으로 일선에서 물러났다. 아내 멜린다 게이츠와 함께 2000년에 '빌 & 멜린다 게이츠 재단'을 설립하여 2008년부터 풀타임 근무를 하고 있다. 이 재단은 국제적 보건의료 확대와 빈곤 퇴치, 그리고 미국 내에서는 교육 기회 확대와 정보 기술에 대한 접근성 확대를 목적으로 하고 있다. 재단은 2008년 10월 1일 기준으로 351억 달러의 기금을 보유하고 있다. 막대한 재정 규모와 숭고한 설립 목적 그리고 경영 기법 덕분에 게이츠 재단은 전 세계 자선재단 중에서도 가장 선도적인 단체로 인정받고 있다. 재단을 설립한 게이츠 부부는 2007년 미국에서 가장 훌륭한 자선가 50인 중 두 번째로 선정되었다.

46 HP(Hewlett-Packard Company)는 스탠포드 대학 동기인 빌 휴렛과 데이브 팩커드에 의해 1939년 설립된 전자기기 회사다. HP의 첫 번째 제품은 캘리포니아 주 팰러앨토의 차고에서 만들어진 음향 기술자가 사용하는 전자 테스트 도구인 음향발진기다. 월트 디즈니 스튜디오가 여덟 개의 오실레이터를 구입해 영화 〈환타지아〉를 위한 혁신적인 사운드 시스템을 개발하고 테스트함으로써 이 회사가 널리 알려지는 계기가 되었다. 1950년에는 종업원 150명에 생산제품 70종으로 급성장하였으며, HP의 이 시기 주력상품은 마이크로파를 이용한 무선통신 계측장비였는데, HP는 고주파 측정시간을 1/5이나 단축시킨 혁신적 제품인 스펙트럼 분석기를 개발하여 HP는 세계적 기업으로 우뚝 섰다. 1960년대에는 컴퓨터와 계측기를 접목시킨 신제품의 개발, 초음파 진단시스템 등 계속 신제품을 발표, 첨단 계측기 시장을 석권하였다. 1959년 스위스의 제네바에 유럽 마케팅본부와 독일에 현지 생산공장을 세웠다. 휴렛과 패커드가 연구

를 위해 처음 작업을 시작한 차고는 정보혁명의 산실로서 '실리콘밸리의 탄생지(Birthplace of Silicon Valley)'라는 이름으로 유적지가 되었다. 캘리포니아 주 정부는 이곳을 역사적 기념명소 제976호로 지정, 보존하고 있다. HP는 현재 컴퓨터를 비롯한 주변기기, 전자측정 및 계측장비와 시스템, 네트워크, 전자의료장비 등 약 2만 5천 여 종에 달하는 첨단정보통신 제품을 생산하고 있다. 1984년에는 한국에도 한국휴렛팩커드를 설립하였고, 프랑스·영국·이탈리아·캐나다·싱가포르·말레이시아·중국·인도·브라질·멕시코 등지에서도 합작생산을 하고 있다. 본사는 캘리포니아 주 팰러앨토에 있다. 2002년 5월, 컴팩 컴퓨터와의 합병을 통해 전 세계 178개 국가에서 약 15만 명의 임직원이 재직중이다.

47 칼리 피오리나(Carly Fiorina, 1954~)는 미국의 여성 기업인이다. 텍사스 주 오스틴에서 태어났다. 스탠포드대학에서 철학과 중세사를 전공하고, 메릴랜드 대학에서 MBA를, MIT에서 이학 석사학위를 받았다. 1980년 25세의 나이로 AT&T 장비부문인 네트워크 시스템 영업직으로 입사했다. 입사 후 얼마 지나지 않아 발군의 비즈니스 역량을 인정받기 시작했다. 아시아 지역의 합작 사업을 성사시키고 효율성이 떨어지던 가전산업을 과감히 정리했다. 이후 35세에 AT&T 네트워크 부문 최초의 여성임원에 오르고 40세에는 북미영업담당 이사로 승진하는 기록을 세워나갔다. 1996년 AT&T는 기업 구조조정의 일환으로 통신장비 부문을 분할시키기로 하고, 피오리나를 새 회사 창립준비팀에 발탁했다. 이때 피오리나는 기업분사를 성공적으로 주도했다는 평가를 받았다. 그 해 4월 루슨트 테크놀로지를 AT&T로부터 분사시키면서 당시로서는 기업공개 분야에서 최고 액수인 30억 달러의 수입을 올렸다. 이후 피오리나는 루슨트 테

크놀로지의 글로벌 서비스 부문 책임자로 일했다. 그 후 루스트 주가는 12배 정도 올랐다. 1999년 휴렛팩커드(HP)의 최고경영자(CEO)로 영입되었으며, 2002년 컴팩을 인수 합병하고 합병회사의 CEO를 맡았다. 남편 프랭크 피오리나는 아내가 HP의 CEO가 되자 유능한 아내를 돕기 위해 회사를 사직하고 가사를 맡아서 화제가 되었다. 피오리나는 1998년부터 미국의 경제전문지 《포천》이 매년 발표하는 '가장 영향력 있는 여성기업인 50인' 중 1위에 뽑혀왔다. 그러나 피오리나는 2005년 2월 회장 겸 최고경영자 자리에서 사임했다. 주주와 중역들의 거센 반발을 무릅쓰고 강행한 컴팩 인수와 이후의 주가 하락, 향후의 기업전략을 둘러싼 이사회와의 이견 때문에 사실상 축출되었다. 2010년 캘리포니아 주 상원의원 선거에서 공화당 후보로 출마, 바바라 복서 민주당 후보와 맞붙었으나 패했다.

48 오프라 윈프리(Oprah Winfrey, 1954~)는 미국의 방송인이다. 미시시피 주 코지어스코에서 태어났다. 세계적으로 유명한 토크쇼 프로그램 〈오프라 윈프리 쇼〉의 진행자였다. 오프라 윈프리는 사생아로 태어나 아홉 살 때 사촌에게 성폭행을 당하고 마약에 빠지는 등 불우한 어린 시절을 보냈다. 그는 어린 시절 외가에서 할머니, 할아버지와 함께 살았다. 너무 가난해서 감자포대로 만든 옷을 입었던 그녀는 아홉 살 어린 나이에 친척에게 성폭행을 당하고 미혼모가 되었다. 그리고 그때 태어난 아이 역시 2주 만에 죽고 말았다. 그 충격으로 그녀는 마약에 손을 댔다. 그때 그녀에게 구원의 손길을 뻗은 사람이 다른 여자와 가정을 이루고 있었던 아버지였다. 그녀의 아버지는 독서의 중요성을 일깨워주었고 그녀는 많은 책을 읽으며 미래를 다시 꿈꾸게 되었다고 한다. 고교 시절 한 방송국이 후원하는 미인대회에서 흑인 최초로 1위를 하게 되면서 방송일을

시작할 수 있게 된 그녀는 〈오프라 윈프리 쇼〉의 전신인 〈에이엠 시카고〉의 진행을 맡게 되었고, 후에 그녀의 이름을 건 쇼로 폭발적인 인기를 얻었다. 그녀는 시청자만 2,200만 명에 세계 105개국에서 방영되는 토크쇼의 여왕, 잡지·케이블TV·인터넷까지 거느린 하포(Harpo) 주식회사의 회장이 되었다. 1991년 운동으로 107kg이던 몸무게를 2년 만에 68kg으로 줄여서 화제가 되기도 했다. 그녀의 극적인 성공은 '인생의 성공 여부가 온전히 개인에게 달려 있다'는 '오프라이즘(Oprahism)'이라는 신조어를 낳기도 했다. 윈프리는 2003년 초 실시된 해리스 여론 조사에서 1998년과 2000년에 이어 미국인들이 가장 좋아하는 TV 방송인으로 꼽혔으며, 흑인 여성으로서는 처음으로 경제 전문지 《포브스》로부터 재산 10억 달러 이상을 가진 부자 중 한 사람으로 선정되었다.

49 이병철(李秉喆, 1910.2.12~1987.11.19)은 한국의 기업인이며 삼성의 창업주다. 경상남도 의령(宜寧)에서 태어났다. 호는 호암(湖巖). 중동중학을 졸업한 후 일본 와세다대학교 전문부 정경과를 중퇴하였다. 1938년 3월 자본금 3만 원으로 삼성그룹의 모체인 삼성상회를 설립하였다. 1951년 부산에서 삼성물산을 세워 무역업을 하면서 1953~1954년 제일제당과 제일모직을 설립, 제조업에서 크게 성공을 거두었다. 이후 사업 영역을 크게 확대해갔으며, 1961년 한국경제인협회(전국경제인연합회의 전신) 초대 회장에 선출되었다. 1964년 동양 라디오 및 텔레비전 방송과 1965년 《중앙일보》를 창설하여 언론사 경영에도 참여하였다. 1969년 삼성전자를 설립하여 삼성그룹 육성의 도약대를 만들었다. 1974년 삼성석유화학·삼성중공업을 설립하여 중화학공업에 진출하였고, 이후 용인자연농원·삼성정밀 등을 설립하였다. 1982년 삼성반도체통신을 설립하였다. 이 밖에도 문화재단·장학회 등을 설립하였고, 백화점·호텔 등의 경영에도

참가해, 사업의 다각화를 통하여 국가경제 발전에 공헌하였다. 고미술품에 심취해 많은 소장품을 수집·소장해 오다가 호암미술관을 건립하였고, 국악과 서예에도 큰 관심을 가졌다. 1982년에는 보스턴대학교에서 명예 경영학박사 학위를 받았다. 금탑산업훈장을 비롯하여 세계최고경영인상을 받았다. 저서에 『우리가 잘사는 길』『호암자전(湖巖自傳)』 등이 있다.

50 조중훈(趙重勳, 1920~2002)은 한국의 기업인이며 한국 항공운수산업의 1세대 개척자다. 서울에서 태어났다. 대한항공의 창립자이며 한진그룹, 대한항공의 회장을 지냈다. 한국해양대학교의 전신인 진해해원양성소를 졸업했다. 일본 고베에 있던 조선소 수습생으로 선발되어 1940년 일본 운수성으로부터 2등 기관사 자격증을 받은 그는 일본 화물선을 타고 텐진, 상하이, 홍콩, 동남아시아 등을 항해하고 1942년에 귀국했다. 1945년 11월 1일, 인천에서 한진상사의 간판을 내걸고 수송업에 뛰어들었다. 1968년 대한항공공사를 인수하여 현재의 한진그룹의 주력기업으로 성장시켰다. 이 밖에도 한진해운, 한진관광, 한일개발 한진중공업 등 여러 회사를 창립하거나 인수하였으며, 대한선주, 대한준설공사, 대한조선공사 등의 국영기업체를 인수해서 정상화시켰다.

그래도 나는 읽는다

1

　항간에는 종이책이 곧 없어진다는 흉흉한 소문이 도는 모양이다. 텔레비전, 영화, 그리고 인터넷, 컴퓨터, 스마트폰까지 우리 주위를 많은 전자매체들이 둘러싸고 있다. 실제로 현대인은 일상에서 모니터 주위에 있는 시간이 잠자는 시간 다음으로 많다고 한다.
　실은 나도 컴퓨터의 모니터를 바라보면서 자판으로 이 글을 쓰고 있다. 이런 영상 시대에는 책을 읽지 않아도 인터넷이나 휴대전화 같은 다른 전자 매체를 통해서 얼마든지 필요한 정보를 얻을 수 있다고 믿는 사람들이 빠르게 늘어나고 있다. 그래서인지 성미 급한 사람들은 종이책의 시대는 이미 끝났다고 말한다. 과연 그럴까?
　미국 작가 애너 퀸들런[51]은 종이책에서 소리를 듣는다.

51　애너 퀸들런(Anna Quindlen)은 미국의 작가이자 칼럼니스트다. 1992년 《뉴욕 타임스》에 게재했던 「공적인 것과 사적인 것(Public & Private)」이란 칼럼이 퓰리처상을 수상했다. 이 칼럼의 선집이 후에 'Thinking Out Loud'라는 제목의 책으로 출간되었다. 이 밖에도 다른 작품으로 『30대의 삶 Living Out Loud』과 국내에서도 베스트셀러가 되었던 『어느 날 문득 발견한 행복 A Short Guide to a Happy Life』 『내 생의 가장 완벽한 순간 Being Perfect』 등이 있다.

"책 페이지 위로 내 손가락이 부드럽게 스치면서 내는 소리, 앞장으로 되돌아가려고 책 페이지를 주르르 넘길 때 페이지들이 미끄러지면서 내는 소리."

— 애너 퀸들런(임옥희 역), 『독서가 어떻게 나의 인생을 바꾸었나』, 에코리브르

종이책이 앞으로도 사라지지 않을 이유로 퀸들런이 꼽은 장점은 읽을 때 느끼는 촉각의 쾌감이다. 그렇구나. 양손으로 책 한 권을 들고 손가락을 자유자재로 움직일 때 느끼는 손맛의 짜릿함은 경험해 본 사람은 무슨 말인지 안다. 책장이 스르륵 넘어갈 때 들리는 소리에 청각이 동원되고, 향긋한 종이 냄새까지 맡을 수 있으니 후각이 동원된다. 이토록 다양하게 감각을 자극하는 매체는 흔하지 않다.

하지만 책의 생명이 손끝에 느껴지는 쾌감 하나로 보장되는 것은 아니다. 매체로서 책은 여전히 많은 장점을 가지고 있다. 지금은 마치 곧 사라져야만 할 올드 미디어의 대표로 여겨지고 있지만, 종이책은 태어난 그때부터 이미 지금 세상을 휘어잡고 있는 뉴미디어들이 가진 특성들을 이미 골고루 갖추고 있었다. 아니, 매체 발전의 역사는 종이책이 원래 가지고 있던 특성을 닮아가기 위해 노력해온 역사였다고도 볼 수 있다.

그래서 나는 책의 미래를 그리 어둡게만 볼 일은 아니라고 본다. 책에게는 다른 매체에게는 기대할 수 없는, 책만이 사람에게 줄 수 있는 특별한 혜택이 있다고 믿기 때문이다. 텔레비전이나 인터넷이나 스마트폰이 대체할 수 없는 책만의 독특한 쓰임새가 있다는 걸 알고 있기 때문이다.

먼저, 크기가 장점이다. 책은 작다. 문고본까지 가면 더할 나위 없지만, 보통 책만 해도 작다. 나는 책이 들어가지 않는 가방은 가방으로 여기지 않고, 책이 들어가지 않는 외투는 외투라고 생각하지 않는다. 책은 교통수단이건, 공원의 벤치건, 침실이건 어디서든 펼칠 수 있다. 좀 더 휴대하기 쉽게, 좀 더 간편하게 진화해온 뉴미디어의 특성을 책은 이미 오래전부터 갖추고 있었다. 노트북이, 휴대폰이, 책을 닮으려고 끊임없이 작아지려고 노력하는 동안 책은 가만히 있어도 좋았던 거다.

종이책은 '무한 에너지'를 가진 매체다. 충전시키지 않아도 되고, 콘센트에 꽂지 않아도 볼 수 있다. 휴대폰의 배터리는 아직 하루 24시간을 제대로 넘기지 못한다. 처음 내가 샀던 초기 휴대폰의 배터리 수명은 겨우 반나절이었다. 휴대폰의 배터리가 반나절에서 하루로 길어지는 동안 책은 눈도 깜짝하지 않았다. 처음부터 책은 무한 에너지, 충전이 필요 없는 영원한 배터리를 품고 있었기 때문이다.

또 책은 개인매체(Personal media)다. 혼자서 사용하고, 혼자서 통제하고, 혼자서 즐기는 매체다. 모든 매체는 집단매체에서 개인매체의 방향으로 진화해왔다. 텔레비전만 해도 처음에는 마당에서 동네 주민들과 모여서 드라마나 축구경기를 함께 보기 위한 매체였다. 다음에는 거실에서 가족과 함께 보는 매체로, 그 다음에는 아들과 딸 방의 컴퓨터 모니터로, 자동차 안으로, 또 휴대폰의 작은 모니터로 바뀌어왔다. 그러나 책은 근대 태동기에 이미 한 사람 한사람이 혼자서 읽고 싶을 때 읽고, 덮고 싶을 때 덮을 수 있는 개인매체가 되었다.

책은 내용에 제한이 없다. 즉 어떤 콘텐츠도 다 담을 수 있다. 이런 콘텐츠의 '다양성'이 매체로서 책이 가진 대체할 수 없는 매력의 하나다. 수만 년 전 조상들의 이야기, 공룡 이야기에서부터 몇만 년 후의 미래 이야기까지 모두 다룰 수 있다. 전 세계 어린이가 거의 다 읽는 동화책부터 전 세계에서 겨우 50명도 채 읽지 않는 물리학 책까지, 생각할 수 있는 거의 모든 종류의 내용을 다 포함할 수 있는 매체가 바로 책이다.

그뿐인가. 신문이나 방송, 영화와 달리 책은 지면이나 시간의 제약을 받지 않는다. 영화는 대개 2시간, 방송 드라마도 대개 1시간 내외의 시간 분량이다. 따라서 시간의 제약으로 인해 다루지 못하는 내용들이 많다. 그러나 책은 내용이 많으면 두께를 늘이면 된다. 더 필요하면 속편을 내면 되고, 아예 전집으로 묶을 수도 있다.

책의 이런 특성들로 인해 책이 품게 된 또 하나의 장점이 '선택성'이다. 도서관이나 서점에 가보면 책의 종류와 양이 정말 해변의 모래알처럼 많다. 독자는 책을 고를 때 참으로 수많은 대안 중에서 자신의 의지로 자신이 읽을 책을 고를 수 있다. 이 '마음대로 고를 수 있다'는 특성은 사실 정말 멋진 일이다. 방송과 비교해보면 그 명백한 차이를 몸으로 느낄 수 있다. 케이블TV와 위성방송의 등장으로 시청자의 선택성이 향상되었다고는 하지만, 그래봤자 고작 수십 개, 많아도 수백 개의 채널뿐이다. 휴일 낮에 시청하고픈 프로그램을 고르다가 실패한 경험이 있으리라. 그야말로 풍요 속의 빈곤을 실감하게 된다. 그러나 책의 경우는 다르다. 대한민국의 국립중앙도서관만 해도 2009년 현재 소장도서가 730만 권을 넘는다. 그리고 이 세상 곳곳에 널린 게 도서관이다.

책은 또 여럿이 돌려가며 읽는 재미가 있다. 이것이 '회독성'이다. 회독성은 한 번 읽은 책을 다른 사람이 다시 읽을 수 있고, 또 여럿이서 돌려가며 읽을 수 있다는 뜻이다. 옛날에는 책이 아주 귀했기 때문에, 우리 조상들은 책을 돌려가며 읽었을 뿐만 아니라, 돌려가면서 베껴쓰기도 했다고 한다. 다음은 정민 교수의 『책 읽는 소리』라는 책에 나오는 내용이다.

> 병오년 2월에 여아(女兒) 조실(趙室)이 제 아우 혼인 때 근행(覲行)하여 『임경업전(林慶業傳)』을 등출(謄出) 차로 시작하였다가 필서(筆書) 못하고 시댁으로 가기에 제 아우 시켜 필서하며 제 종남매 제 숙질 글씨 간간이 쓰고 노부(老父)도 아픈 중 간신히 서너 장 등서(謄書)하였으니, 아비 그리운 때 보아라.
>
> – 정민, 『책 읽는 소리』, 마음산책

이 글은 후세에 발견한 조선시대의 한글체 필사본 소설집 뒤표지에 어떤 아버지가 써놓은 글이라고 한다. 당시에는 소설책이 중요한 혼수 품목이었던 듯하다. 내용인즉, 어느 집 규수가 혼인을 하게 되자 시집간 언니가 친정으로 왔다. 혼수로 소설책을 넣어주려고 밤새도록 『임경업전』을 필사한 것이다. 그런데 소설이 너무 길어서 미처 다 못 마치고 언니가 시댁으로 가버렸다. 언니가 못 다 쓴 것을 아우에게 시켰다가, 사촌과 조카들을 불러서 또 쓰게 하고, 그래도 다 못 마치니 병환 중의 아버지도 잠깐잠깐씩 일어나서 베껴썼다는 내용이다. 그걸 시집간 딸에게 보내주면서 맨 뒤표지에 "시집가서 아버지가 그리울 때면 읽어보아라"고 쓴 것이다. 시집가는 딸을 위해서 소설을 필사하는 아버지, 그리고 그것을 받아보았을 딸을 생각하면 가슴이 쨍하게 시려오지만, 아버지와 딸, 친구와 친구가 시간과 공간을 뛰어넘어 돌려 읽을 수 있는 책이란 참으로 사람 냄새가 나는 매체임에 틀림없다. 우리가 종이책을 이토록 오래 만나고 있는 이유는 책에 담긴 의미 때문만이 아니다. 우리가 그러하듯 종이책 또한 자신을 읽는 사람을 냄새 맡고 들여다보고 만져본다. 그리고 때로 뒤흔들고, 때로 위로하고, 가끔 골똘히 귀 기울여준다. 책은 책 읽는 사람과 삶, 행복, 그리고 죽음에 대해 대화한다. 이것은 어쩌면 연애다. 연애가 그 남자의 혹은 그 여자의 생각이나 지식에 대한 매혹에서 시작되는 것은 아니지 않은가. 책도 또한 그러하다. 모양과 무게, 색깔과 감촉, 그리고 냄새가 먼저 온다. 그리고 작거나 큰 떨림… 많은 연인들이 그랬던 것처럼 책과의 만남도 사소한 느낌, 감각으로부터 시작된다. 그 다음에 의미가 다가온다. 그리고 빠져든다. 그래서 나는 오늘도 종이책을 읽는다.

2

이 모든 장점을 다 합쳐도 도달할 수 없는 오직 책만이 가진, 책의 가장 큰 덕목은 바로 책이 '사람이 주인인 매체'라는 데 있다. 즉, 책은 읽는 사람이 스스로 통제해야만 하는 매체다. 책을 읽는 일은 텔레비전 화면을 보는 행위나 라디오에서 흘러나오는 음성을 듣는 행위와는 달리 '읽는 의지'가 필요하다. 스스로의 의지로 스스로를 고양시키려는 인간의 행동이 필요하다. 그러므로 책을 읽는 행위는 텔레비전 드라마를 시청하는 행위만큼 쉽지 않다.

책을 읽는 일에는 에너지가 소요된다. 책을 좋아하는 사람은 이미 그런 에너지를 갖고 있는 사람일 것이다. 그러나 책 읽기를 싫어하는 사람들도 이 세상에는 존재한다. 책을 읽기 위해서 정신적인 에너지를 사용하는 일을 귀찮아하는 사람도 있다. 그리고 더욱 곤란한 것은 책을 읽고자 하는 '정신' 그 자체를 싫어하는 사람들도 있다는 것이다.

내 친한 친구 중 하나는 책이 있는 곳, 즉 도서관이나 서점에 가면 어김없이 '신경성 복통'을 일으킨다고 한다. 내가 그의 고통을 신경성 복통이라고 한 이유는 그가 (나 때문에 어쩔 수 없이) 서점이나 도서관을 방문할 때면 이내 얼굴에 땀을 흘리거나 화장실을 찾기 때문이고, 책이 있는 곳을 벗어나면 이내 고통의 표정이 씻은 듯이 사라지기 때문이다. 내게는 더할 수 없는 쾌락인 책 읽기가 그에게는 더할 수 없는 고통임을 안타깝지만 인정해야만 한다. 찬송가나 불경도 마찬가지가 아닌가. 누군가에게는 복음이, 다른 누군가에게는 소음일 수 있는 것처럼 책 읽기가 행복인 사람이 있는 반면, 책 읽기가 고통인 사람 또한 존재한다.

사람들이 책을 읽지 않는 이유는 다양하다. 우선 시간이 부족하다는 핑계를 대는 사람들이 많다. 몇 해 전 한국출판연구소의 전국조사에 의하면 "왜 책을 읽지 않는가?"라는 물음에 대한 대답으로 "시간이 없어서"라는 이유가 1위를 차지했다고 한다. 공부 때문에,

일 때문에 책을 읽을 시간이 없다는 거다. 충분히 이해가 된다. 많은 한국인들이 수험공부와 회사 일에 얽매어 있기 때문이다.

그런데 모두들 정말로 그렇게 바쁠까? 바쁜 사람이 많다는 건 좋은 일이다. 일거리가 많다는 뜻이므로. 그런데 가장 바쁠 것으로 여겨지는 세계 유수 기업의 경영자들과 정치 지도자들은 늘 책을 가까이하고 책을 읽고 있다. 그 사람들보다 바쁜 사람이 많이 있을까?

핑계는 또 있다. 책 읽는 것보다 더 중요한 일이 있다는 거다. 물론 살다보면 '내일 떠나면 다시는 못 볼 사람을 오늘 만나야 한다'든지 하는 경우가 생길 수도 있다. 또 인류를 멸망의 위험으로부터 구출해내기 위해 우주선을 타고 미지의 혹성을 향해 돌진해야 한다거나, 조국이 물바다가 되는 것을 막기 위해 바닷물이 새는 방파제 틈에 손을 넣고 견뎌야 하는 일이 생길 수도 있을 것이다. 이럴 때 한가하게 책을 읽고 있을 수는 없는 노릇이다. 하지만 그런 중요한 일이 매일 생기는 것은 아니다.

또 다른 핑계가 있다. 책 읽기가 "어렵고, 재미없고, 고통스럽다"는 이유다. 이 또한 수긍이 간다. 어떤 사람들에게 책 읽기는 아주 재미없는 일일 수 있다.[52] 책 읽기는 텔레비전을 시청하는 일이나 밥 먹는 일보다 분명히 어렵다. 책 읽기는 더구나 낮잠 자는 일보다는 더욱 어려운 일임에 틀림없다. 책 읽기는 분명 고통을 동반하는 일이다. 왜냐하면 책을 읽는 행위는 읽는 책에 따라 정도의 차이는 있겠지만, 대체로 긴장감을 요구하는 작업이기 때문이다.

전문서는 물론이고 소설도 마찬가지다. 예를 들어 추리소설을 읽을 때, 우리는 앞 페이지의 내용을 기억해야만 그것을 지탱해가면서

52 책만 펼치면 잠이 온다는 사람들이 있다. 고백을 하나 하자면, 나도 가끔 책을 수면제 대용으로 이용할 때가 있다. 그러나 책만 펼치면 잠이 잘 온다면 그것도 책의 큰 효용이다. 수면제 대신에 책 읽고 잠이 온다면 그만큼 좋은 일이 어디 있겠는가. 책을 수면제의 용도로 쓸 때는 조금 두꺼운 책이 낫다. 왜냐하면 읽다가 잠이 오면 베고 자기에 좋기 때문이다. 여름날 시골집 툇마루에서 책을 읽다가 책을 베고 살짝 잠들었다가 깨어났을 때의 행복감은 말로 이루 표현할 수가 없다.

뒤에 나오는 내용을 다시 해석할 수 있고, 그 해석을 바탕으로 해서 그 다음 페이지로 다시 전진해야만 한다. 그러므로 책을 읽을 때 정신의 탄력을 늦출 수가 없다. 글자를 한 자 한 자 읽어나가면서, 감탄하고, 때로 저항하고, 어려우면 쉬기도 하고, 의심이 나면 의문을 품기도 하는 등, 책 읽는 시간을 혼자, 스스로, 온전히 통제해야 한다. 그것이 책 읽기가 어렵고, 재미없고, 고통스러운 이유다.

책 읽기가 고통이 되는 또 하나의 이유는 책이 독자에게 자신을 해독할 능력을 요구하기 때문이다. 독자가 책을 온전히 읽으려면 단어의 뜻을 알아야 할 뿐 아니라, 문장 전후의 문맥을 이해해야 한다. 따라서 내리막길처럼 술술 읽어지는 책도 있지만, 때로는 오르막길처럼 읽다가 턱턱 걸리기도 하는 것이 책이다.

그러나 책 읽기에 따라오는 이런 고통이야말로 사실은 우리가 책을 읽는 이유다. 모든 쾌락은 고통의 시간 뒤에 온다. 책 읽기 또한 그러하다. 소설을 읽든, 만화를 읽든, 물리학 전문서를 읽든, 그 모든 책 읽기의 최종 목적은 쾌락이다. 깊은 쾌락일수록 깊은 고통을 요구한다. 오랜 괴로움 끝에 결실을 맺은 짝사랑처럼, 긴 낮밤과 많은 피를 흘리고 얻은 성(城)처럼, 반나절 사투를 벌인 다랑어를 잡아올린 늙은 어부처럼, 기쁨은 고통에 비례하여 커진다.

책 읽기가 고통스러운 이유는 책은 사람이 처음부터 끝까지 스스로 통제해야 하는 매체이기 때문이다. 따라서 책 읽기는 텔레비전 화면을 보는 행위나 라디오에서 흘러나오는 음성을 듣는 행위와는 달리, 사람의 '적극적 의지'가 필요하다. 책은 스스로의 의지로 스스로를 고양시키려는 행동이 필요한 매체다. 영화, 라디오, 텔레비전과 같은 전파매체는 음성과 영상으로 듣는 사람, 보는 사람을 통제하려 시도하는 매체다. 우리의 의지와 상관없이 흘러가는 소리와 영상은 우리를 집어삼키거나 빨아들이려고 호시탐탐 노린다. 텔레비전이나 영화, 라디오는 보는 사람, 듣는 사람의 시간과 생각과 감성을 장악하려고 한다. 그렇지만 책 읽기는 그렇지 않다. 책은 읽는 사람 스스로가 좌우할 수 있는 매체다. 그러므로 책을 읽을 때 우리는 스스로의 존엄성을 지킬 수 있다. 납득이 안 되면 몇 번이고 다시 읽을 수 있고, 잠시 덮었다가 다시 읽을 수도 있으며, 책의 내용이 자신의 생각과 다를 때, "이건 내 생각하고 달라" 하고 스스로 생각할 시간을 가질 수 있다. 아예 멀리 던져버릴 수도 있다.

한 권의 책을 온전하게 다 읽은 자는 온전히 그 책의 주인이 된다. 하품과 잠과 고통을 극복하고 스스로의 의지로 책을 읽을 때, 책 읽는 사람은 하나의 작은 우주가 된다.

책 읽기는 때로 고통스럽다. 그래도 나는 읽는다.

3

앞서 말하였듯 책은 사람이 스스로 노력해서 만나야만 하는 매체다. 그러므로 책을 읽을 때 우리는 때때로 잠이 오거나, 고통스럽다. 그것은 한 자 한 자 읽어나가면서, 어려우면 쉬기도 하고, 의심이 나면 의문을 품기도 하는 등 책을 읽는 시간을 온전히 자기 스스로가 통제해야 하기 때문이다. 그러나 오히려 그 어려움이야말로 책 읽기의 가장 큰 매력이고 다른 어떤 것에도 비할 수 없는 쾌락의 원천이다. 스스로의 힘과 의지로 한 권의 책을 휘어잡았을 때 느끼는 희열은 참으로 깊고도 크다. 그 순간 독자는 그 책뿐 아니라 스스로의 주인이 되었음을 느낀다.

우리가 인류의 역사를 돌이켜보면 어떤 위정자가 독재자였고, 누가 민주적인 통치자였는지 한 칼에 정의를 내리기 어렵다. 우리 역사에서 광해군에 대한 평가도 엇갈리고 있지 않은가. 그러나 가장 손쉬운 독재자 판별법이 있다. 책을 불태운 자가 바로 독재자다. 네로, 진시황, 아돌프 히틀러와 같이 책을 불태운 사람들을 독재자라고 부르는 데 아무도 이의를 제기하는 사람은 없을 것이다.

책을 불사르는 자가 빼앗고 없애려는 것은 무엇인가? 인간의 상상력, 꿈 그리고 스스로 생각하는 힘이다. 또한 '남과 다른 생각'이며, 남의 말이나 남의 생각에 기대지 않고 '스스로 생각하려는 의지'다. 그렇다. 책을 읽는 일은 스스로 생각하고, 스스로 행동하는 일이며, 우리가 우리 삶의 주인공임을 우리 스스로 깨닫는 일이다. 그것은 때로 귀찮고 힘든 일일 수도 있다. 왜냐하면 스스로의 머리로 생각하고 스스로의 가슴으로 받아들여야 하기 때문이다. 그러나 오히려, 그러므로, 더욱, 인간으로 태어난 지고의 기쁨을 맛볼 수 있는 일이다.

책 읽기는 때로 어렵다. 그래도 나는 읽는다.

4

책을 읽는 일은 얼핏 외로운 일처럼 보인다. 책 읽는 시간은 오직 혼자서 오롯이 자신과 대면해야 하는 시간이기 때문이다. 그러나 책을 읽을 때 우리는 혼자가 아니다. 책 읽는 사람은 별처럼 수많은 시간을 뛰어넘어 인류가 축적한 자산을 이어받고 있기에. 책 읽는 사람은 외롭지 않다. 그는 지금 수많은 사람들과 인류의 정신문화를 공유하고 있으므로.

지금 그대가 책을 읽는 이 시간에도 지구 어딘가의 구석방에서 누군가 책을 읽기 위해 천천히 일어서서 램프를 켜고 있다. 책 읽는 그대는 지금 그들과 연결되어 있다.

> 사람은 살아 있으므로 집을 짓는다. 그러나 언젠가 죽을 것을 알기 때문에 책을 쓴다. 사람은 군거성(群居性)이 있으므로 모여서 산다. 그러나 자신의 고독을 알고 있기 때문에 책을 읽는다. 책 읽기는 다른 어떤 것도 대신할 수 없는 친구다. 책을 대신할 친구는 없다.
>
> — 다니엘 페나크(이정임 역), 『소설처럼』, 문학과지성사

책을 읽는 일은 축구를 하거나, 영화를 보거나, 인터넷을 하는 일과는 전혀 다른 종류의 기쁨과 가치를 인간에게 선물한다. 그러므로 책을 읽는 일은 인류가 존속하는 한 앞으로도 끝없이 이어질 것이다. 아니, 꼭 이어져 나가야만 하는 일이다. 나는 읽는다.

나는
이렇게
읽는다

소리 내어 읽는다

좋은 문장에는 가락이 있다. 명문(名文)일수록 소리 내서 읽으면 입에 감긴다. 나는 내가 쓴 글은 꼭 소리 내어 읽어본다. 언제나 시원치 않다. 좋은 글을 만났다 싶으면 그때도 꼭 소리 내어서 읽는다. 소리 내서 책을 읽다보면 이 책을 계속 읽어야 할지 아닐지 결판난다.

소리 내어 책을 읽는 버릇을 들이면 언변과 문장이 모두 좋아진다는 설도 있다. 전 미국 대통령 케네디의 아버지[53]는 아이들을 모두 둘러 앉혀놓고 셰익스피어[54] 작품을 돌아가면서 읽혔던 모양이다. 존 F. 케네디 대통령의 문장과 연설이야 알려진 사실이고, 로버트 케네디[55]를 비롯한 케네디 가(家) 사람들이 하나같이 명연설가, 명문장가인 것은 그 덕분일까.

사실 책을 지금처럼 혼자서 조용히 읽는 독서 행위는 근대(近代)라

53 조지프 패트릭 "조" 케네디 1세(Joseph Patrick "Joe" Kennedy, Sr., 1888~1969)는 미국의 기업인이자 정치인이다. 제35대 대통령 존 F. 케네디의 아버지로, 미국의 정치 명문가로 유명한 케네디 가문의 기틀을 다진 인물이다. 1920년대에 증권, 영화사업과 부동산 투자로 막대한 재산을 축적했다. 1920년대 말 미국의 대표적인 부자 중 한 사람이 되었을 뿐 아니라, 민주당에 많은 정치자금을 대며 정치 부문에서도 영향력을 확대했다. 1934년 프랭클린 루스벨트 대통령 행정부에서 증권거래위원회 회장으로 활동했으며, 1938~1940년에는 주 영국대사가 되었다. 아일랜드계가 영국대사가 된 것은 이때가 처음이라고 한다.

그는 자신의 정치적 야망을 4명의 아들을 통해 이루고자 하였다. 아들들에게 엄격한 교육을 시켰고 때로는 경쟁심을 유발시켰다. 그러나 가장 기대했던 장남 조가 제2차 세계대전에서 전사하게 되면서 그의 야망은 차남 존에게 모아졌다. 존은 1946년 29세의 나이에 연방 하원의원 선거에 출마, 그의 막대한 자금 지원을 받으며 당선되었고, 이후 승승장구하여 마침내 1960년 대통령에 당선되었다. 3남인 로버트도 1950년대에 그의 영향력으로 상원의 위원회에서 일할 수 있었고, 존이 대통령이 된 후 법무부 장관이 되었다. 1963년 존이 암살되었을 때에는 뇌경색으로 인해 거동을 제대로 하지 못할 정도로 쇠약해진 상태였기 때문에 자신이 직접 영향력을 행사하지는 못했으나, 차남 로버트는 유력 정치인으로 성장했고, 막내 에드워드도 상원의원으로 활발한 정치활동을 했다. 1968년 로버트가 대통령 출마 선언을 하며 그의 또 다른 아들이 다시 대통령에 도전했으나, 로버트가 암살당한 다음해인 1969년 81세로 세상을 떠났다.

는 시대의 산물이다. 동서양을 막론하고, 중세시대까지는 책은 소리 내어서 읽어야만 하는 물건이었던 모양이다. 중세 이전까지는 소리 없이 혼자 책장을 넘기면서 사색에 잠기는 일은 불온하며, 그렇게 읽는 사람은 위험한 자로 취급받았다. 예컨대 성(聖) 오거스틴[56]은 『고백록』[57]에서 암브로시우스라는 사람이 아무 소리도 내지 않고 가만히 앉아 아무렇지도 않게 책을 읽는 모습을 보고 깜짝 놀랐다고 '고백'하고 있다. 그 당시에 책을 소리 내지 않고 조용히 읽는 일은 그만큼 수상한 일이었던 것이다.

암브로시우스는 지독한 독서가였다. 아우구스티누스는 이렇게 말했다. "책을 읽을 때 그의 두 눈은 책장을 뚫어져라 살피고 가슴은 의미를 캐고 있었지만, 그의 목소리는 들리지 않고 혀도 움직이지 않았다. 누구나 마음대로 그에게 접근할 수 있어서 아무도 그에게 손님의 도착에 대해 알리지 않았다. 그래서 그를 방문할 때면 우리는 종종 이런 식으로 침묵 속에서 독서 삼매경에 빠진 그를 발견하곤 했다. 그는 절대로 큰 소리를 내어 글을 읽지 않았다."

— 알베르토 망구엘(정명진 역), 『독서의 역사』, 세종서적

『독서의 역사[58]』의 저자 알베르토 망구엘[59]에 의하면 서구에서는 10세기까지 묵독이 보편화되지 않았다고 한다. 알렉산더 대왕도 모친이 보낸 편지를 말없이 읽어 부하들을 당혹스럽게 했고, 시저도 연애편지를 소리 내서 읽지 않은 것이 특별한 일로 기록되어 있다. 그렇다. 사실 사람이 책을 '혼자서 조용히' 읽게 된 것은 인간이 신에

54 윌리엄 셰익스피어(William Shakespeare, 1564~1616)는 영국의 극작가이자 시인이다. 영국 워릭셔 주에서 태어났다. 청년 시절에 런던으로 와서 배우가 되었으나 「비너스와 아도니스」로 재주를 인정받고 희곡을 쓰기 시작했다. 주요 작품으로는 「햄릿」「리어 왕」「오셀로」「맥베스」 등 4대 비극과 「베니스의 상인」「로미오와 줄리엣」「헨리 6세」「템페스트」 등이 있다. 지금까지 전해지는 작품은 희곡 38편, 154편의 소네트, 2편의 이야기 시와 몇 편의 다른 형식의 시가 있다. 그의 작품은 거의 모든 주요 언어로 번역되고 공연되었다.

55 로버트 케네디(Robert Francis Kennedy, 1925~1968)는 미국의 정치가 법률가다. 미국 매사추세츠 주 출생으로 1948년 하버드대학교를 졸업하고, 1951년 버지니아대학에서 법률학(JD) 학위를 받았다. 그 후 법조계에 들어가 상원위원회의 변호사를 지냈다. 1960년 대통령선거에서 형인 J. F. 케네디의 선거운동 사무장으로 활약하였고, 1961년 J. F. 케네디 행정부에서 법무부 장관을 지냈다. J. F. 케네디가 암살된 후에도 존슨 행정부에서 법무부 장관으로 있었고, 1964년 뉴욕 주에서 상원의원으로 당선되었다. 1968년 3월 민주당의 유력한 대통령후보가 되어 출마선언을 하고 6월 5일 캘리포니아 주 예비선거에서 승리를 거둔 직후 요르단계의 이민자에게 저격당하여 다음날 아침에 사망하였다. 저서로 『내부의 적 The Enemy Within』(1960), 『정의의 추구 Pursuit of Justice』(1964) 등이 있다.

56 아우렐리우스 아우구스티누스(Aurelius Augustinus, 354~430)라고도 부르는 성(聖) 오거스틴은 초기 기독교회의 철학자이자 사상가다. 당시 로마 속지였던 현재의 북아프리카 수크아라스에서 태어났다. 이후 기독교 사상에 커다란 영향을 끼친 사람이다. 로마제국 말기 청년 시절을 보내며 한때 방탕한 생활에 빠지기도 하였으나, 19살 때 키케로의 『철학의 권유 Hortensius』를 읽고 선악이원론(善

의존하지 않고 단독자로서 세계와 마주하게 된 이후의 습관이었다.

　중세 유럽만 그랬던 것은 아니고, 우리나라도 예전에는 책이 소리 내어 읽어야 하는 물건이었다. 특히 조선시대에는 책 읽는 소리의 낭랑함으로 읽는 자의 기품과 성정을 가늠하기도 했던 모양이다. 더구나 이 책 읽는 소리가 사람을 죽이기도 살리기도 한 듯, 정민[60]의 『책 읽는 소리』에는 무릎을 칠 만한 사연들이 많다.

> 정인지(鄭麟趾)[61]의 글 읽는 소리에 반한 옆집 처녀가 담 사이로 그를 엿보고 흠모의 정을 품었다. 그러던 어느 날 밤 처녀가 담을 넘어 정인지의 방으로 뛰어들자, 정인지는 그녀를 타일렀다. 그러나 그녀는 소리를 질러 사람들에게 알리겠다고 막무가내로 협박했다. 정인지는 밝은 날 모친에게 말씀드려 정식 혼인의 절차를 밟아 맞이하겠노라는 말로 처녀를 달래어 돌려보냈다. 이튿날 그는 어머니에게 이 일을 이야기하고 이사를 가버렸다. 남은 처녀는 상사병으로 죽었다.
>
> 　　　　　　　　　　　　　　　　　　　　　－ 정민, 『책 읽는 소리[62]』, 마음산책

　조광조[63]에게도 다음과 같은 이야기가 전한다. 그의 낭랑한 독서성(讀書聲)에 반한 처녀가 담을 넘었다. 조광조는 회초리로 종아리를 때려 돌려보냈다. 그녀는 잘못을 뉘우쳤고, 훗날 다른 집안으로 시집갔다. 기묘사화 때 그 남편이 조광조를 해치려 하자 그녀는 자신의 젊은 시절 일을 이야기하며 조광조를 해치지 못하게 했다고 하는 이야기다.

　그런데 독서는 역시 묵독이 기본이다. 책을 읽는 일은 기본적으로 혼자서 해야 하는 외로운 작업이기 때문이다. 소리 내어 읽으면

惡二元論)과 우주론을 주장하는 마니교로 기울어졌다가, 그 후 신플라톤주의에서 기독교에 이르기까지 다양한 정신적 편력을 경험하였다. 384년에 밀라노의 주교 암브로시우스를 만난 후 기독교로 개종했다. 『고백록』 『삼위일체론(三位一體論)』 『신국론(神國論)』 등의 저작이 있다.

성 오거스틴의 사상은 "인간의 참된 행복이란 무엇인가?"라는 끊임없는 탐구에서 비롯되었다. 그 탐구의 결론이 저서 『고백록』의 유명한 구절 "주여, 당신께서는 나를 당신에게로 향하도록 만드셨나이다. 내 영혼은 당신 품에서 휴식을 취할 때까지 편안하지 못할 것입니다"라는 문장 속에 표현되어 있다. 즉, 인간의 참된 행복은 신을 사랑하는 데 있으며, 신은 인간의 영혼에 깃든 진리의 근원이므로, 신을 찾으려면 스스로의 영혼 속으로 통찰의 눈을 돌려야 한다는 것이다.

57 성 오거스틴이 40세 때 저술한 자서전. 방탕했던 시기에서 마니교에 빠졌다가 기독교 신앙을 갖기까지 참회 생활을 중심으로 저술한 책이다. 자서전 10권과 성서에 대한 해석 3권 등 총 13권으로 구성되어 있다.

58 Alberto Manguel, A History of Reading(1996) : 알베르토 망구엘(정명진 역), 『독서의 역사』, 세종서적, 2000.

59 알베르토 망구엘(Alberto Manguel, 1948~)은 아르헨티나 출신의 캐나다 작가다. 이스라엘에서 어린 시절을 보냈으며 캐나다에서 산 20년을 포함해서 세계 여러 나라에서 살았다. 지금은 프랑스에서 살고 있다. 주요 작품으로 명저 『독서의 역사』 외에도 『상상의 장소들에 관한 사전 The Dictionary of Imaginary Places』(1980), 『낯선 나라에서 온 소식 News From a Foreign Country Came』(1991)와 『그림

아무래도 책 읽는 속도가 떨어지는 것도 사실이고, 무엇보다 소리를 내고 읽을 수 있는 책이 한정되어 있다. 일본의 소설가 히라노 게이치로[64]에 따르면, 원래 묵독의 습관이 유럽에서 지방도시까지 널리 퍼진 것은 19세기 이후부터라고 한다. 19세기 후반 이후에 묵독이 독서습관의 중심이 된 이후, 작가도 독자의 묵독을 전제로 글을 쓰면서, 독자의 습관에 맞게 글의 내용도 '내면화'되어갔다는 것이다[65]. 즉, 소리 내어 외부에 알릴 만한 내용보다는 혼자서 묵묵히 읽고 내면에 간직해두기 좋은 내용으로 책의 내용이 바뀌어갔다는 뜻이다.

그뿐 아니다. 묵독이 일반화되자 순식간에 책에 담긴 표현도 풍부해졌다고 한다. 가장 많은 영향을 끼친 사례가 에로틱한 주제나 묘사라고 한다. 책을 소리 내어 읽던 시대에는 아무래도 표현이 담백하거나 우회적일 수밖에 없었는데 혼자 소리내지 않고 읽는 독자를 전제로 쓴 글은 그 내용이 훨씬 더 풍부해질 수밖에 없다. 따라서 히라노 게이치로는 음독(音讀), 즉 소리 내어 읽기를 반대한다. "누구에게 들려주어도 부끄럽지 않을 만한 지극히 건전한 내용의 책이 아니면 도저히 소리 내어 읽을 수가 없기 때문"이란다. 그는 또 말한다.

대부분의 근대소설은 그렇게 세상에 공공연하게 이야기하기는 힘들지만, 바로 이것이야말로 인간의 참모습이다 싶은 것을 그리고 있다. 그것은 성대(聲帶)의 육성(肉聲)이 아니라 혼(魂)의 육성을 통해 작가의 내면에서 독자의 내면으로 전달되는 것이다.

— 히라노 게이치로(김효순 역), 『책을 읽는 방법』, 문학동네

읽기 Reading Pictures: A History of Love and Hate』(2000), 『독서일기 A Reading Diary』(2004) 등이 있다. 『독서의 역사』로 프랑스 메디치상을, 소설 『상상의 장소들에 관한 사전』으로 만하임상을, 『낯선 나라에서 온 소식』으로 매키터릭상을 수상했다. 세계 최고의 독서가이자 책과 독서에 대한 최고의 글을 쓰는 작가. 소년 시절 부에노스 아이레스의 서점에서 만난 호르헤 루이스 보르헤스(Jorge Luis Borges)와의 만남이 『독서의 역사』에 기록되어 있다.

60 정민은 대한민국의 한문학자이자 저술가다. 1960년 충북 영동에서 태어났다. 2011년 현재 한양대 국문과 교수로 재직 중이며, 현대 한문학의 영역을 확대한 학자로 평가받고 있다. 18세기 조선 지식인의 문집 속의 세계를 현대 한국 사회에 재현하는 작업을 하고 있다. 여러 권의 책을 낸 베스트셀러 작가이기도 하다.

『한시 미학 산책』과 『정민 선생이 들려주는 한시 이야기』로 이름을 알린 뒤, 도교를 소재로 한 『초월의 상상』, 한시와 우리 그림에 등장하는 새를 주제로 한 『한시 속의 새, 그림 속의 새』 등 다양한 소재의 책을 선보였으며, 『죽비소리』『미쳐야 미친다』 등의 책을 내놓으면서 대중적으로도 주목받는 작가가 되었다. 2007년 『18세기 조선 지식인의 발견』『다산 선생 지식경영법』 등으로 '간행물문화대상' 저작상을 받았다. 그 외의 저서로 『꽃들의 웃음판』『한서이불과 논어병풍』『어린이 살아 있는 한자 교과서』『내가 사랑하는 삶』『마음을 비우는 지혜』『스승의 옥편』 등이 있다.

61 정인지(鄭麟趾, 1396~1478)는 조선조의 정치인이자 학자다. 호는 학역재(學易齋). 1414년 장원급제한 뒤 예조좌랑 등의 관직을 거쳐, 1418년 병조좌랑이 되었다. 세종의 신임을 받아 집현전학사가 되고, 1425년(세종 7년) 집현전 직제학

히라노 게이치로처럼 한 권의 책을 제대로 음미하기 위해서는 오로지 묵독을 해야 한다는 주장에는 동의하는 마음과 반대하는 마음이 각각 반(半)이다. 우선 책 읽기가 기본적으로 자기 자신과의 외로운 만남을 전제로 한다는 점에서는 묵독이 독서의 정석이라는 의견에 동의한다. 하지만 모든 책을 오로지 묵독해야 한다는 주장에는 동의할 수 없다.

　소리 내어 읽기의 장점도 많다. 우선 책의 내용을 빠짐없이 정확하게 파악할 수 있고, 목소리가 귀에 들리면서 지은이 특유의 문장의 호흡과 리듬을 알 수 있어 즐겁다. 시나 짧은 글이라면 어느 새 외워지기도 한다. 나는 학창 시절 폴 엘뤼아르[66]의 시를 소리 내어 읽으면서 프랑스어 단어를 외우고, 연애에도 응용하던 일거양득의 추억이 있다. 또 무엇보다도, 함께 소리 내어 읽으면, 경쟁하며 도우며 함께 읽는 즐거움이 만만치 않다. 나는 옛날 사람들이 경전과 고전을 줄줄 외운 비결이 낭독에 있다고 짐작한다.

　나에게는 작은 꿈이 있다. 한 학기 동안 좋은 책 한 권을 딱 정해서 학생들과 함께 돌아가면서 낭독하는 것이다. 같은 구절을 이 사람도 읽고, 저 사람도 읽다가 중세의 교회나 조선시대의 서당처럼 모두 함께 소리 내어 읽어보기도 하면서, 낭독하는 중간중간에 문장에 대한 느낌을 서로 교환하는 그런 강의를 해보고 싶다. 얼마나 많은 지식, 얼마나 새로운 지식, 얼마나 실용적인 지식을 전수하였는가를 강의 평가의 잣대로 삼는 이 시대에 선생과 학생이 몇 개월 동안 한 권의 책을 들고 함께 읽는 꿈. 그저 한낮에 꾸는 꿈일 뿐인가.

이 되었다. 1427년 문과 중시(重試)에 장원급제, 좌필선(左弼善)이 되고 이듬해 부제학·시강관(侍講官)을 겸하였다. 1432년부터 예문관제학·춘추관동지사·이조참판·충청도관찰사를 역임하고 잠시 쉬었다가, 1439년 형조참판, 1940년 형조판서, 1442년 예문관대제학, 1443년 중추원지사·제조, 1445년 우참찬, 1448년 이조판서, 뒤에 공조판서·좌참찬을 거쳐 1452년 병조판서를 지냈다. 1453년(단종 1) 계유정난 때 수양대군(세조)을 도와 좌의정이 되었으며, 1468년(예종 즉위년) 남이(南怡)의 옥사를 처리하여 익대공신(翊戴功臣) 3등에 책록되고, 1470년(성종 1) 원상(院相)으로서 국정을 총괄했다. 〈용비어천가〉를 지었으며, 천문·역법·아악 등에 관한 책을 편찬하였다. 문집에 『학역재집(學易齋集)』이 있고, 편저서로 『고려사(高麗史)』『역대역법(歷代曆法)』『역대병요(歷代兵要)』『자치통감훈의(資治通鑑訓義)』 등이 있다.

62 정민, 『책 읽는 소리』, 마음산책, 2002.

63 조광조(趙光祖, 1482~1519)는 조선조의 성리학자이자 정치가다. 본관은 한양, 호는 정암(靜庵)이다. 개국공신 조온의 5대손이다. 조선 중종 때 사림의 지지를 바탕으로 도학 정치의 실현을 위해 애썼다. 그의 사상의 중심은 덕(德)과 예(禮)로 다스리는 유학의 이상적 정치인 왕도(王道)를 현실에 구현하려는 데 있었으며, "도학을 높이고, 인심을 바르게 하며, 성현을 본받고 지치(至治)를 일으킨다"는 문장에서 알 수 있는 것처럼 도학정치의 구현인 지치를 이상으로 하였다. 동시에 그러한 이념은 그가 과거시험에 제출한 답안인 〈춘부(春賦)〉에 나타나듯 인간의 존엄성에 대한 따뜻하고 강렬한 확신이다. 그러나 정치에 뛰어든 후 너무 급진적이고 과격하게 개혁을 추진하다가 실패했다. 훈구파의 반격으로 자신을 따르는 자들과 함께 죽임을 당하고 개혁은 실패로 돌아갔으나, 그의

이념과 정책은 후대 선비들의 학문과 정치에 중요한 지침이 되었다. 저서에 『정암집』이 있다.

64 히라노 게이치로(平野啓一郞, 1975~)는 일본의 소설가다. 일본 아이치 현에서 태어났다. 교토대학 법학부에 재학중이던 1998년 문예지 《신조》에 투고한 소설 「일식」이 권두소설로 게재되고, 이듬해 이 작품으로 120회 아쿠다가와상을 수상했다. 중세 유럽의 한 수도사가 겪는 신비한 체험을 그린 이 작품은 40만 부 이상의 베스트셀러가 되고, 그는 일약 인기작가로 떠오른다. 그 후 1999년 『달』, 2002년 『장송』과 『문명의 우울』, 2003년 단편집 『다카세가와』, 2004년 단편집 『방울져 떨어지는 시계들의 파문』, 2006년에는 장편 『얼굴 없는 나체들』을 발표하는 등 활발한 작품활동을 해오고 있다. 소설 이외에도 독서론 『책을 읽는 법―슬로 리딩의 실천』을 저술하여 반향을 불러일으켰다. 국내에서는 이 책이 『책을 읽는 방법』이라는 제목으로 2006년 문학동네에서 출간되었다.

65 히라노 게이치로(김효순 역), 『책을 읽는 방법』, 문학동네, 2006.

66 폴 엘뤼아르(Paul Eluard, 1895~1952)는 프랑스의 시인이다. 다다이즘 운동에 참가하였으며, 초현실주의를 대표하는 시인이다. 파리 북쪽 생드니에서 태어났다. 어린 시절의 이름은 외젠느 그랭델 Eugène Grindel. 외할머니의 이름을 따서 엘뤼아르(Eluard)를 필명으로 삼았다. 1917년 시집 『의무와 불안』으로 프랑스 문단에 등장, 얼마 후 초현실주의운동에 참가, 아라공과 함께 초현실주의의 3대 시인 중 한 명이 되었다.
1936년 스페인 내전 발발을 계기로 엘뤼아르의 시는 더욱 정치적으로 변한다. 『시와 진실』『살 만한 가치』 등을 발표했으며, 평화·정의·자유·연대가 그의 시의 주요 주제가 되었다. 제2차 세계대전이 일어나자 나치 독일에 저항하는 레지스탕스 활동에 적극 가담하고, 저항 작가 단체의 책임자가 돼 적 치하에서 비밀 출판물을 간행하기도 했다. 1942년에는 영국 공군이 그의 시집 『시와 진실』을 독일 점령 치하 프랑스에 뿌리기도 했다. 이 시집의 맨 앞에 실린 '자유'는 자유를 갈구하는 세계의 많은 사람들의 애송시다. "내가 읽은 모든 책장 위에/ 피 묻은 돌, 휴지, 재 위에/ 병사들의 총칼 위에/ 제왕들의 왕관 위에/ 나는 쓴다, 너의 이름을/ 자유여!" 이 외에도 『독일군의 주둔지에서』『도덕강의』『다 말할 수 있다』『피닉스』 등의 시집이 있다

천천히 읽거나, 빨리 읽거나

　나는 대학교에 들어가고 난 후에도 사교육을 받았다. 읽고 싶은 책은 정말 많은데 눈은 따르질 않아서 결국 '속독학원'이라는 곳을 찾아갔던 것이다. 지금도 그 학원 접수창구에 서서 "정말 책을 빨리 읽을 수 있게 되는 건가요?" 하고 따지듯 물어보던 나 자신을 떠올리면 얼굴이 화끈거린다. 하지만 그때는 절박했었다.
　세상의 모든 책을 다 읽고 싶었던 시절이었다. 지금 읽는 속도보다 2배 혹은 3배가 빨라진다면 승산이 있지 않나 하고 속독학원의 문을 두드린 것이다. 서교동 집 근처에 있던 그 학원에서 3개월 동안 속독법을 부지런히 배웠다. 속독학원을 마치고 집으로 돌아오는 길에 책방 한 바퀴 휙 돌아 한 보따리 책을 안고 집에 들어왔다. 밥 먹는 것도 잊고, 속독법을 복습하는 심정으로 아니 확인해보자는 계산으로 밤을 새워 책을 읽었다. 그랬더니 처음에는 정말로 책장이 빨리 넘어갔다. 거기다 언제부턴가 지나가는 사람들이 한눈에 들어왔다. 누군가를 만나면 머리부터 발끝까지 무엇을 입었나, 어떤 구두를 신었나, 금방 알아보는 바람에 혼자서 우쭐했던 적이 있다. 속독법의 파장은 꽤 컸다.

그런데 빨리 많이 읽게는 되었는데, 언제부터인가 마음이 뿌듯해지기는커녕 읽을수록 무언가 더 아쉬워지는 걸 느꼈다. 나도 모르게 많은 양을 읽어야 한다는 강박관념이 책 안의 글자를 이리저리 날아다니게 했다. 하루에 열 권, 스무 권을 읽었지만, 한 권도 읽지 않은 것과 같았다. 머릿속에는 아무런 내용도 남아 있지 않았고, 마음은 더 공허해졌다. 아니 더 불안해졌다. 빨리 그래서 결국에는 많이 읽으려고 시작한 속독법이 오히려 내 독서를 망치는 것은 아닌가, 내가 내 발등을 찍었구나 하는 후회도 하루에 몇 번씩 했다. 여기에서 벗어나려면, 처음으로, 아니 거꾸로 돌아가자 그렇게 결심했다. 커틀러의 『너의 독서 속도를 세 배로 올려라[67]』를 아직도 가지고 있지만, 그때는 과감히 덮었다. 그리고 종로에 있는 어느 서당으로 갔다.

이제는 어처구니없게도 천천히 읽는 법을 배우러 다닌 것이다. 속독학원에서는 책을 왼쪽 위에서 오른쪽 아래로 사선으로 재빨리 내리 읽는 방법을 배웠으나, 서당에서는 한 구절 한 구절 외우고, 한 자 한 자 짚어가며 읽고 해석하는 방법을 배웠다. 속독학원에 찾아가서 책을 빨리 읽어야 한다고 난리를 친 게 얼마 전인데, 이번에는 겁도 없이 책을 제대로 읽고 싶다고 말씀을 드렸다. 선생님께서는 "한문 실력이나 한 번 볼까" 하시면서 주자어류[68]의 독서법 가운데 한 구절을 읽고 해석해보라고 하셨다.

책은 마땅히 조금씩 보아야 하고, 지극히 깊게 읽어야 한다. 아이는 글을 읽으면 기억하지만 어른은 대부분 기억하지 못하는데, 단지 아이는 마음을 집중하여 하루에 일백 자를 가르치면 단지 일백 자를, 이백 자이면 단지 이백 자를 기억하지만, 어른은 하루에 행여 백 개의 목판을 보더라도 그처럼 정신을 집중하여 자세히 보지 못하기 때문이다. 사람들은 거의 일분에 십을 보는데, 지금은 마땅히 십분에 일을 보아야 한다. 독서의 기한은 넉넉하게 잡고, 그 과정은 야무지게 해야 한다.

― 송주복[69], 「주자서당은 어떻게 글을 배웠나[70]」, 청계

내 속을 들여다보고 계신 듯, 선생님은 이 구절을 읽고 해석하게 하셨다. 그리고 나는 그곳에서 한문과 글씨를 배웠다. 난독증은 어느 정도 사라졌고, 옛글 읽는 데에도 재미를 붙여나갔다. 나는 지금도 옛글만 만나면 책을 무르팍으로 당기고 숙독(熟讀)을 한다. 물론 최신 정보를 빨리 전달해야 할 의무가 있을 때나, 새로 산 휴대전화의 설명서를 읽을 때처럼 신속한 정보처리가 필요한 책 읽기를 할 때면 바람처럼 빨리빨리 책장을 넘길 때도 있다.

속독학원과 서당에서 나는 책 읽기에도 여러 방법이 있다는 사실을 배웠다. 야마무라 오사무[71] 같은 이나 히라노 게이치로[72] 같은 이는 지독(遲讀), 즉 슬로우 리딩(slow reading)을 지고지선(至高至善)의 독서법으로 여기고, 스스로 실천할 뿐 아니라 남에게도 적극적으로 권하고 있다. 그러나 나는 이들과는 조금 다른 생각을 가지고 있다. 책 읽기에는 소설을 읽거나 수필을 읽는 것처럼 독서 그 자체의 즐거움을 위한 책 읽기뿐 아니라, 시시각각 변화하는 정보를 수집하고 해석

67 Wade E. Cutler, 『Triple your reading speed』, Pocket Books.

68 1270년에 간행된 이 책의 정식 명칭은 '주자어류대전(朱子語類大全)'이다. 남송(南宋)의 주자학자 여정덕(黎靖德)이 편찬했다. 모두 140권이다. 같은 이름의 책이 몇 종류 있으나, 여정덕의 편찬으로 된 이 책이 가장 많이 알려졌다. 책의 내용은 주자와 그 문하생들 사이에 오간 문답의 기록을 분류, 편찬한 것으로 100명이 넘는 기록을 모았다. 주자의 사상을 아는 데 중요한 문헌이지만, 주자의 설과 모순되는 대목도 적지 않다. 문하생들에 의한 이런 종류의 책은 주자가 죽은 후 11~12년이 흐른 뒤 나오기 시작하였다. 『주자어록』(1215) 『주자어속록』(1238) 등이 그것이며, 황토의(黃土毅) 편찬의 『주자어류』(1220)는 이 책의 선구적인 체재를 갖춘 것이다. 그 밖에 『주자어속류』(1252), 『주자어류대전』(1603) 등 많은 어류가 있다.

69 송주복(1955~)은 한국의 한학자, 주자학 연구자다. 전라남도 고흥에서 태어나서 어린 시절부터 조부와 선친에게 한학 교육을 받았다. 서강대학교 사학과를 졸업하고, 1987년 서울 종로 3가에서 죽림서당(竹林書堂)을 열었다. 1991년에 이를 여산서숙(礪山書塾)으로 개칭하고 신촌에서 한학 연구와 인재 양성에 힘쓰고 있다. 특히 주자학 연구에 필수적인 송대(宋代) 어록체(語錄體)를 전문적으로 연구하고 있다. 저서로 『주자서당은 어떻게 글을 배웠나』, 역서로 『맹자집주(孟子集註)』 등이 있다.

70 송주복, 『주자서당은 어떻게 글을 배웠나』, 청계, 1999.

71 야마무라 오사무(山村修, 1950~)는 일본의 저술가며 독서가다. 일본 도쿄에서 태어나서 게이오 대학교 문학부를 졸업하였다. 지은 책으로 2003년 국내에 소

하기 위한 용도의 독서도 있다. 전자는 천천히 음미하면서 읽는 것이 좋겠지만, 후자는 역시 빨리 읽어내는 게 무엇보다 중요하다. 따라서 책 읽기의 속도는 책의 종류에 따라 읽는 사람이 결정할 일이다. 속독(速讀)과 지독(遲讀)을 자유롭게 넘나드는 기술(?)이야말로 책 읽는 사람에게 또 하나의 쾌락을 안겨줄 것이라 믿는다.

이제 책에 재미를 붙이기 시작한 젊은이를 만나면 나는 "무엇을 읽을까" "어떻게 읽을까" 묻지 말고 "뭐든 어떻게든 닥치는 대로 읽으라"고 권한다. 속독과 지독은 어느 순간 만나게 될 것이기 때문에. 마구 읽고 덮기를 반복하다가 어느 순간 6개월이고, 1년이고 한 권의 책을 오롯이 파고드는 때가 분명 올 것이다. 이런 생각을 하면서 책꽂이 한켠에 나란히 꽂혀 있는 속독법 교재와 주자어류 독서법을 물끄러미 바라본다.

개된 『천천히 읽기를 권함』을 비롯하여, 『금연의 즐거움』 『기분전환의 발견』 등이 있다.

72 주 64를 보시오.

읽었던 책을
다시 읽는다

　　　　　서점 판매대 앞에 서서 방금 출간된 책을 막 펼쳐서, 저자의 약력이나 목차를 확인하는 일은 가슴이 두근두근 떨리는 경험이다. 대학 시절 그룹 미팅을 앞두고 내 파트너는 과연 어떤 사람일까 하고 상상해보는 일과 비슷하다.

　첫인상은 참 좋았는데 시간이 지나 잘 알게 되고 보니 취미가 나하고는 전혀 맞지 않은 사람일 경우도 있고, 첫 만남은 그저 그랬는데 만나면 만날수록 새롭고 좋은 면모를 발견하게 되고 의외의 매력이 소록소록 생겨나는 사람도 있다. 책도 그렇다. 처음엔 잘 몰랐는데 읽으면 읽을수록 빠져드는 책이 있는가 하면, 다른 사람의 평가나 최초의 기대에 따라주지 못하는 책도 있다.

　반대로 오래전에 읽었던 책을 세월이 흐른 후 꺼내서 다시 읽으면, 처음 읽을 때는 몰랐던 사실을 새삼스럽게 알게 되는 경우가 있다. 마치 소년 시절에 들었던 노래나 음악을 세월이 흘러 나이를 먹고 나서 다시 들으면 같은 노래가 전혀 다른 내용, 다른 느낌으로 들리는 경험과도 같다.

〈봄날은 간다〉라는 가요가 있다. 나는 이 노래가 그렇게 슬픈 노래인 줄 어린 시절에는 미처 알지 못했다. 그저 그런 '뽕짝'인 줄로만 알았다. 대학 시절 선배들이 이 노래를 들으면서 감탄하거나 상념에 잠기는 모습을 보고 "도대체 이런 걸 왜 듣지?" 하고 생각했다. 그런데 언제부터인가 스피커에서 이 노래가 들리면 가슴 언저리가 뻐근해져 오는 것이었다. 그래서 딸들과 제자들에게 이 노래를 들려주고 감상을 물어보았다. 그랬더니 아니나 다를까 시큰둥했다. 그들에겐 지금이 봄날인데 봄날이 가는 것이 느껴질 리가 없다.

지금 이 책을 읽고 계시는 독자께서는 음반이나 인터넷이나 무엇이든 좋으니 이 노래를 한번 들어보시면 좋겠다. 만약 부를 줄 안다면 직접 불러보는 것도 좋겠다. 무언가 알지 못할 울림이 가슴 한 켠에 전해져온다면 당신은 이미 어른이다.

1
연분홍 치마가 봄바람에
휘날리더라
오늘도 옷고름 씹어가며
산제비 넘나드는 성황당 길에
꽃이 피면 같이 웃고
꽃이 지면 같이 울던

알뜰한 그 맹세에 봄날은 간다

2
새파란 풀잎이 물에 떠서
흘러가더라
오늘도 꽃 편지 내던지며
청노새 짤랑대는 역마차 길에
별이 뜨면 서로 웃고
별이 지면 서로 울던
실없는 그 기약에 봄날은 간다

3
열아홉 시절은 황혼 속에
슬퍼지더라
오늘도 앙가슴 두드리며
뜬구름 흘러가는 신작로길에
새가 날면 같이 웃고
새가 울면 같이 울던
얄궂은 그 노래에 봄날은 간다

– 가요 〈봄날은 간다〉 작사 손로원/ 작곡 박시춘/ 노래 백설희

오래전에 읽었던 책을 다시 집어들 때마다, '처음 읽을 때 내가 놓친 부분이 이렇게 많았구나' 하고 놀랄 때가 있다. 마치 전혀 다른 책을 읽는 것 같은 경험을 할 때도 있다. 이유는 한 가지가 아니다. 우선, 처음 읽었을 때 책을 '읽은' 게 아니라 '보았기' 때문이리라. 나는 산스크리트어를 모르기 때문에 산스크리트어로 쓴 책을 '볼' 수는 있지만 읽을 수는 없다. 우리말로 된 책도 마찬가지다. 흰 종이에 까만 색으로 인쇄되어 있으므로 누구나 볼 수는 있다. 그러나 책장을 펼쳤다고 다 읽은 건 아니다.

초등학교 고학년 때 나는 도스토옙스키[73]의 『죄와 벌』[74]에 도전했는데, 나는 그때 내가 그 책을 '읽은' 것으로 착각했었다. 그때 나는 그 책을 읽은 것이 아니라 그냥 본 것이다. 마흔이 넘어서야 그 사실을 알았다.

그러므로 지고(至高)의 독서는 다시 읽기(rereading)다. 소년이 청년이 되고, 그 청년이 중년이 되어 소년 시절의 책을 읽는다. 헤르만 헤세[75]의 『데미안』[76]만 해도 그렇다. 나는 중학교 다닐 때부터 그 책을 지금까지 열 번쯤 읽었다. 그때마다 가슴에 와닿는 구절은 매번 달랐다. 책은 그대로인데 사람이 달라졌기 때문이다.

그래서 나는 야마무라 오사무[77] 씨의 다음과 같은 고백에 고개를 끄덕이게 된다.

얼마 전 나쓰메 소세키의 『나는 고양이로소이다』를 읽었는데, 거의 마지막 부분에서 다음과 같은 한 줄이 눈에 들어왔다. '무사태평으로 보이는 사람들도 마음속 깊은 곳을 두드려 보면 어딘가 슬픈 소리가 난다.' 이 소설을 읽은 것은 이때가 세 번째였다. 첫 번째는 고등학생 때 였고, 두 번째는 2년 전쯤이었다. 처음으로 읽었던 고등학생 때는 아득한 옛날로, 그 내용은 보기 좋게 기억에서 사라졌으므로 제쳐둔다고 해도, 두 번째 읽었을 때 역시 이 한 줄에는 주의를 기울이지 못했다.

- 야마무라 오사무(송태욱 역), 『천천히 읽기를 권함』, 산티

그는 자신이 놓친 문장을 찾아 한편으로는 행복했을 것이고, 또 한편으로는 섭섭했으리라. 잃어버린 문장을 뒤늦게라도 찾았으니 행복했을 것이고, 이제는 그 문장이 눈에 띄게 된 세월이 섭섭했을 것이다. 나는 내 경험에 비추어 그렇게 짐작할 뿐이다.

한편, 한 살이라도 젊었을 때 읽었어야 할 책을 너무 늦게 읽어 후회하는 경우도 있다. 소설가 송영 씨는 『데미안』을 너무 늦게 읽은 것을 안타까워하고 있다. 다음의 구절이 적혀 있는 책이 나온 것이 2006년이니 그는 60세가 훨씬 넘어서 『데미안』을 손에 들었다. 그가 늦게 읽은 『데미안』은 지루했다.

내가 만약 청년이라면 물론 『데미안』을 지루하게 느끼기는커녕 손에서 책을 놓지 않고 책 속에 몰입되었을 것이다. 나는 소년 시절 지드의 『좁은 문』을 읽는 동안 끼니마저 잊고 지냈던 경험을 갖고 있다. 『좁은 문』도 흥미진진한 반전이나 아기자기한 줄거리가 없기는 마찬가지다. 지금 그것을 다시 읽는다면 틀림없이 지루함을 느낄 것이다. 그러나 내가 소년이었을 때에는 『데미안』이나 『좁은 문』의 등장인물들과 거의 비슷한 고민과 갈등을 안고 있었다. 신에 대한 의문과 두려움, 그리고 우정

73 표도르 도스토옙스키(Fyodor Mikhailovich Dostoevskii, 1821~1881)는 러시아의 소설가다. 모스크바에서 태어났다. 톨스토이와 함께 19세기 러시아 문학을 대표하는 문호로 알려져 있다. 구질서가 무너지려는 과도기 러시아에서 시대의 모순에 고민하는 인간의 모습을 작품세계에 반영한 그의 문학세계는 20세기 사상과 문학에 깊은 영향을 끼쳤다. 상트페테르부르크 공병사관학교를 졸업한 후 공병국에 근무했으나, 1년여 만에 퇴직했는데, 그때 번역된 발자크의 『외제니 그랑데』가 호평을 받은 데 자극받아 전업작가에 뜻을 두게 되었다. '제2의 고골리'라는 격찬을 받은 처녀작 『가난한 사람들』(1846)은 당시 농노제 사회에서 자본주의 사회로 급변하는 과도기 러시아 사회 속에서 도시의 소외된 사람들의 사회적 비극과 심리를 묘사한 중편으로서, 24세의 무명작가인 그의 이름을 널리 알리는 계기가 되었다.

그 다음 작품들인 『분신(分身)』(1846)과 『주부』(1847)를 쓸 무렵부터 공상적 사회주의 사상에 관심을 나타내기 시작하여, 『백야(白夜)』(1848), 『네트치카 네즈바노바』(1849) 등의 작품을 썼다. 1849년 봄 페트라셰프스키 사건에 얽혀 사형선고를 받았으나, 총살 직전 황제의 특사로 감형되어 시베리아로 유형되었다. 시베리아의 감옥에서 4년을 지내고, 출옥 후 5년 동안 중앙아시아에서 사병으로 근무하면서 M. 이사에바와 결혼한 뒤, 1859년 말 10년 만에 수도 페테르부르크로 귀환하였다. 귀환 후 형인 미하일과 함께 잡지《시대》를 창간, 시사문제를 집필하는 한편, 시베리아 옥중생활의 체험을 바탕으로 한 장편 『죽음의 집의 기록』(1861~1862)과 『학대받은 사람들』(1861)을 발표함으로써 문단에 복귀하였다.

그 후 1862년 첫 서유럽 여행, 애인 스슬로바와의 연애, 1864년에는 아내와 형의 죽음 등의 사건을 겪는다. 이 시기에 중편 『지하생활자의 수기』(1864)를 썼과 사랑에 대한 끝없는 동경과 회의, 그것은 내게 가장 중요하고 가장 시급하게 해답이 요구되는 문제들이었다. 그래서 제롬에게 피안에서의 재회를 기약하는 알리사의 길고 지루한 편지도 단숨에 읽어낼 수 있었다. 나는 분명 데미안을 너무 늦게 읽게 된 것이다. 다시 젊은 날로 돌아가 이 책을 읽을 수는 없을까?

- 송영, 『바흐를 좋아하세요?』, 바움

다시 읽기(rereading)를 주창하는 사람 중에 노벨문학상을 수상한 일본의 소설가 오에 겐자부로(大江健三郎) 씨가 있다. 그는 소설 『우울한 얼굴의 아이』에서 등장인물의 입을 빌려 다음과 같이 말한다.

"롤랑 바르트는 모든 진지한 독서는 '다시 읽는 것'이라 말한다. 이것은 꼭 두 번 읽는 것을 의미하는 것은 아니다. 그보다는 구조 전체를 시야에 넣고 읽는 것을 의미하는 것이다. 말의 미로를 헤매는 것이 아니라, 방향을 갖고 탐구하는 것이다.

- 오에 겐자부로의 『우울한 얼굴의 아이』, 히라노 게이치로의 『책을 읽는 방법』에서 재인용.

전에 읽은 책을 다시 읽는 일은 오래전에 갔던 산사(山寺)를 다시 찾아가는 일과 같다. 전에는 안 보이던 빛바랜 단청이며 뒤뜰의 부도탑(浮屠塔)이 어느덧 눈에 들어온다. 몇백 년 전부터 그 자리에 있었던 것인데 왜 그때는 보이지 않았던 것일까. 같은 절을 여러 번 방문하면, 무엇보다도 절집 전체의 구도가 머릿속에 그려지고, 뒷산과 대웅다. 1867년에는 중편 『노름꾼』(1866)의 구술(口述)이 계기가 되어 사귀게 된 속기사 안나 스니트키나와 재혼한 뒤, 빚 독촉을 피해 4년간 해외생활을 한다. 이 시기에 불후의 명작 『죄와 벌』(1866), 『백치』(1868), 『악령(惡靈)』(1871~1872) 그리고 중편 『영원한 남편』(1870) 등을 발표한다. 만년 10년간은 장편 『미성년』(1875)과 『카라마조프의 형제들』(1879~1880), 문집 『작가의 일기』를 썼다. 냉전기 러시아에서는 도스토옙스키를 반동작가로 규정하여 왔으나, 근래에 이런 분위기가 많이 약화되어 저작집 등도 다시 출판되게 되었다. 한국에서는 1980년 도스토옙스키전집(전7권)이 정음사에서 간행되었다.

74 도스토옙스키가 1866년 러시아 잡지에 발표한 소설이다. 근대 도시 상트페테르부르크가 배경이다. 가난한 고학생 라스코르니코프는 선택된 강자는 인류를 위하여 사회의 도덕을 딛고 넘어설 권리가 있다는 결론에 도달하여 고리대금업자 노파를 살해한다. 그런데 이 행위는 뜻밖에도 그를 죄의식에 사로잡히게 하고, '인류와의 단절감'에 괴로워하는 비참한 자신을 발견하게 되는 결과를 낳는다. 예심판사 포르필리가 주장하는 혐의에 대해 논리적으로 맞서나가면서도 죄의식의 중압감에 견딜 수 없게 된 그는 자기 희생과 고통을 견디며 살아가는 '거룩한 창부' 소냐를 찾아 죄를 고백한다.

75 헤르만 헤세(Hermann Hesse, 1877~1962)는 독일의 시인이자 소설가다. 1877년 독일 남부의 칼브에서 선교사의 아들로 태어났다. 14세가 되던 해 개신교 신학교이자 수도원인 마울브론 기숙신학교에 입학했지만, 신경쇠약으로 인해 1년 만에 중퇴했다. 그 후 시계부품공장 견습공 등을 전전하면서 방황하다 열다섯 살 때 자살을 기도해 정신병원에 입원하는 등 질풍노도의 청소년기를 보낸다. 그러다 튀빙겐에서 서점 점원으로 일하며 글을 쓰기 시작하면서 비로소 삶의

전 처마 끝이 맞닿은 풍광이 가슴에 천천히 안겨오게 된다. 책도 이와 같다. 오래 사귄 책은 오래된 절과도 같다.

안정을 찾았다. 1899년 처녀시집 『낭만적인 노래』와 산문집 『자정 이후의 한 시간』을 발표하고, 1904년 장편소설 『페터 카멘친트』로 확고한 문학적 지위를 얻었으며, 곧 인기작가가 되었다. 그 외 『크눌프』(1915), 『데미안』(1919), 『싯다르타』(1922), 『지성과 사랑』(1930), 『유리알 유희』(1943) 등의 작품이 있다. 1946년 노벨문학상, 괴테상을 받았다.

76 1919년에 간행된 헤르만 헤세의 소설로, 부제는 '에밀 싱클레어의 청년 시절의 이야기'다. 처음에는 익명으로 발표하여 에밀 싱클레어의 작품으로 알려졌었다고 한다.

이 소설은 제1차 세계대전에서 중상을 입은 싱클레어가 연상(年上)의 친구인 데미안의 인도를 받아 자각을 통해 성장해가는 과정을 그렸다. 싱클레어는 데미안을 통해 무의식의 세계를 알게 되고, 자신의 내면을 인식하기 시작한다. 제1차 세계대전 패전으로 인해 혼란 상태에 빠져 있던 독일의 청년들에게 깊은 감명을 주었으며, 문학계에도 일대 센세이션을 일으켰다. 독일의 정신분석학자 칼 융의 영향을 받은 작품으로 일컬어진다. 지금까지도 세계의 젊은이들에게 통과의례처럼 읽히고 있는 작품이다. 다음 문장은 『데미안』에서 가장 유명한 구절로서 작품 속의 데미안이 에밀의 책에 꽂아준 쪽지의 내용이다.

"새는 알에서 빠져나오려고 몸부림친다. 알은 세계이다. 태어나려는 자는 누구든 세계를 부숴야 한다. 그 새는 신을 향해 날아간다. 그 신의 이름은 아프락사스다."

77 주 71을 보시오.

책 읽는 장소를 고르다

#서재. 오래전에 나는 움베르토 에코[78]가 쓴 소설 『장미의 이름』을 사서 막 읽으려고 펼치다가, 책의 맨 앞 장에 새겨져 있는 토마스 아 켐피스[79]가 쓴 다음의 문장을 보고 갑자기 가슴이 뭉클해졌다.

"내 이 세상 도처에서 쉴 곳을 찾아보았으되, 마침내 찾아낸, 책이 있는 구석방보다 나은 곳은 없더라."

에코의 책 때문에 이제 전 세계에 널리 알려진 이 문장은, 이제 책 읽는 사람들의 서재를 향한 끝이 없는 욕망을 대변하고 있다. 고금의 책 읽는 자들은 꿈꾸었다. 그리고 전 우주의 책 읽는 자들은 꿈꾼다. 책이 있는 구석방을.

78 움베르토 에코(Umberto Eco, 1932~)는 이탈리아의 기호학자·철학자·작가다. 이탈리아 피에몬트 주 알렉산드리아에서 태어났다. 토리노 대학에서 철학박사 학위를 받았다. 학위논문은 「성 토마스 아퀴나스의 미학문제」로 문학비평계와 기호학계의 주목을 받았다. 1962년 토리노대학교와 밀라노대학교에서 미학 강의를 시작했으며, 저서 『열린 작품 Opera apertas』을 발간했다. 1971년 볼로냐 대학의 기호학 교수로 임명되었으며, 1973년 제1회 국제기호학 회의를 조직했다. 현재 볼로냐대학교에서 건축학·기호학·미학 등을 강의하고 있으며, 세계 여러 대학의 객원교수로도 활동하고 있다. 그는 동시대의 가장 저명한 기호학자일 뿐 아니라, 철학자·역사학자·미학자·저술가로도 유명하다. 중세미학에서부터 현대의 디지털 미디어에 이르는 박학다식과 수개 국어를 구사하는 언어능력, 백과사전적 지식과 풍부한 상상력으로 레오나르도 다빈치 이래의 르네상스적 인물로 추앙받고 있다. 세계적으로 큰 인기를 얻은 소설가이기도 하다. 소설 『장미의 이름』, 『푸코의 진자』, 『전날의 섬』을 합쳐 3천만 부 이상이 팔렸다. 소설 외에 『세상의 바보에게 웃으면서 화내는 방법』, 『연어와 여행하는 방법』, 『미네르바 성냥갑』 등의 에세이, 『토마스 아퀴나스의 미학의 문제』, 『열린 작품』, 『일반 기호학 논고』와 같은 이론서, 『무엇을 믿을 것인가』와 같은 서한집이 있다.

79 토마스 아 켐피스(Thomas ā Kempis, 1379/1380~1471)는 독일의 사제이자 신비사상가다. 독일 캠펜에서 태어나, 거의 모든 일생을 아그네텐베르크 수도원에서 보냈다. 이 수도원에서 그는 '공동생활의 형제회'에 가담하여 경건한 생활을 보냈다. 이 회는 청빈·정결·복종의 생활을 하고 재산을 공유하며, 노동으로 그날의 양식을 벌었다. 주된 작업은 사본(寫本) 및 인쇄·제본과 교육으로, 특

#도서관. 바슐라르[80]는 에코보다 한 걸음 더 나아갔다. 대학 도서관의 칸막이 열람실에서 고시공부에 매달려 있는 한국의 낯빛 어두운 젊은이들을 아직 보지 못한 그는 '천국이 도서관'이라고 말했다.

"저 위 하늘나라에 있다는 천국은 엄청나게 큰 도서관이 아니고 무엇이겠는가?"

- 가스통 바슐라르, 『몽상의 시학』

나도 어느 낯선 나라 대학의 도서관에서 그와 같은 생각을 한 적이 있다. 그때 나는 도서관 건물의 지하 2층에 앉아서 책을 읽고 있었다. 우연히 도서관 전체에 아무도 없이 나 혼자였다. 한 줄기 햇빛이 지상(地上)의 유리 천정에서 뿜어져 나와 내가 읽고 있는 책 페이지 위를 비추는 게 아닌가. 불현듯 '여기가 천국이구나'라는 생각에 온몸이 떨리던 기억. 그 순간을 지금도 잊을 수 없다.

이탈리아 피렌체의 리까르디아나 도서관(Riccardiana Library)의 천정에 조각되어 매달려 있는 날개달린 천사들은 도서관이 천국이라는 확신이 나와 바슐라르만의 것이 아님을 보여주고 있다.

#기차. 한때는 책을 읽으려고 기차를 탔다. 신촌 기차역에서 일산으로 가는 기차는 왕복 1시간 20분 걸렸다. 캔 커피 하나, 책 두 권 들고 매주 기차역으로 간 적이 있었다. 역 근처 서점에서 신간 한 권, 잡지 한 권 사는 기분은 늘 상쾌하다. 기차가 목적지에 도착해도 내리기 싫어진다.

히 연소자의 교육에 힘을 기울였으며, 후에 에라스무스·니콜라우스 쿠사누스 등을 배출했다. 프란체스코회와 달리 일상의 양식을 구걸하는 것은 허용하지 않았다. 이보다 더 경건한 사람은 없다는 말을 들은 토마스 아 켐피스는, 1425년 이후 이 수도원 부원장으로서 후진 지도에 진력했다. 저작 『그리스도를 본받아』는 기독교 세계에서 널리 애독되어 신앙의 귀감이 되었다.

80 가스통 바슐라르(Gaston Bachelard, 1884~1962)는 프랑스의 철학자다. '시인 가운데 가장 훌륭한 철학자이며, 철학자 가운데 가장 훌륭한 시인'이라는 독특한 평을 받은 사상가. 프랑스 북동부 상파뉴 지방의 바르 쉬르 오브라는 작은 마을에서 태어났다. 어려운 집안 사정 때문에 우체국 직원 등으로 일하면서 공부한 그는 마흔 살 무렵에야 수학, 물리학 학사학위와 철학교수 자격을 얻었다. 1927년 소르본대학에서 「근사적 인식에 관한 시론」으로 문학박사학위를 받게 된 그는 디종대학을 거쳐 1940년 소르본대학의 교수가 되었다. 1955년 프랑스 학사원 회원이 되었으며, 1960년에는 레지옹 도뇌르 훈장을 받았고 1961년에는 국가문학대상을 받았다. 『불의 정신분석』, 『물과 꿈』, 『공기와 꿈』, 『공간의 시학』, 『몽상의 시학』, 『촛불의 미학』 등이 있다. 과학철학과 구조주의의 선구자이며 시론(詩論)과 이미지론(論)으로도 알려져 있다. 주요 저서로는 『공간의 시학』(1957), 『새로운 과학적 정신』(1934), 『부정(否定)의 철학』(1940)이 있다.

#공원 벤치. 바람이 시원한 날이면 더 좋겠지만, 비 안 오고 어둡지 않으면 괜찮다. 책도 읽고 지나가는 사람도 구경하고, 그러다 산책도 하다가 책을 베고 잠들 수도 있다. 잠잘 때를 생각하면 좀 두꺼운 책이 좋다.

#카페. 미네르바[81]는 신촌에 있는 카페 이름이다. 대한민국 키치[82]의 중심지인 신촌 바닥에서 미네르바는 30년 넘게 커피를 팔고, 고전 음악을 틀어주고 있다. 차와 책, 음악, 그리고 오래된 가구의 궁합이 꽤 잘 맞는 찻집이다. 손님이 별로 없는 조용한 시간에 미네르바에 가서 음악을 들으면서 책을 읽을 때 나는 행복했었다. 그때, 어머니가 지상에 계시고, 아버지도 아직 건강하셨다.

#화장실. 낯선 장소를 여행할 때면 자기 집 화장실이 얼마나 귀중한 공간인지 알게 된다. 화장실만큼 독립적이고, 화장실만큼 은밀하고, 화장실만큼 기분 좋은 긴장감을 가질 수 있는 곳은 별로 없다. 헨리 밀러[83]도 프루스트[84]도 사정은 비슷했던 모양이다. 헨리 밀러는 "나의 훌륭한 독서는 거의 화장실에서 이루어졌다"라고 했고, 마르셀 프루스트는 헨리 밀러보다 한 발 더 나아가 화장실을 "결코 침범당할 수 없는 고독이 요구되는 모든 일 즉, 독서나 몽상, 울음, 관능적인 쾌락을 위한 장소"라고 예찬했다. 중국 당송시대의 문인 구양수[85]에게도 화장실은 책 읽기에 가장 좋은 곳 중 하나였다. 그가 말하길 책 읽기에 좋은 곳은 다음 세 군데라고. 침상, 말 안장, 그리고 화장실. 그는 말한다. "책을 읽고자 하는 뜻이 진실하다면 그 장소야 무슨

81 1975년에 문을 열었으니 아마 신촌에서 가장 오래된 카페일 것으로 짐작한다. 좁은 계단을 올라가면 마치 70년대 같은 분위기의 공간이 펼쳐진다. 오래된 나무틀의 창가에 앉으면 바깥으로 계절이 바뀌는 모습을 느낄 수 있다. 그 당시 연세대·이화여대·서강대 등 신촌에서 학교를 다녔던 중년층뿐 아니라 이곳만의 오래된 분위기를 좋아하는 젊은 층이 두루 찾고 있다. 커피를 주문하면 화학실험 기구처럼 생긴 사이폰을 테이블로 날라다준다. 알콜 램프의 불을 사이폰 아래에 켜서 커피가 보글보글 끓으면 따라 마신다. 나무 벽에 "장애물은 나를 무너뜨리지 못한다. 모든 장애물은 단호한 결단력을 낳는다. 별에 시선을 고정한 사람은 마음을 바꾸지 않는다"라는 레오나르도 다빈치의 글이 붙어 있었다.

82 키치(kitsch)는 원래 "저속한 것. 가짜 또는 본래의 목적에서 벗어난 사이비 등을 뜻하는 미술 용어다. '싸게 만들다' 라는 뜻을 가진 독일어 동사 'verkitschen'에서 유래되었다. 1939년 클레멘트 그린버그(Clement Greenberg)가 「아방가르드와 키치」라는 논문에서 "키치는 간접 경험이며 모방된 감각이다. 키치는 양식에 따라 변화하지만 본질은 똑같다. 키치는 이 시대의 삶에 나타난 모든 가짜의 요약이다"라고 주장하면서 널리 알려지게 되었다. 오늘날 이 단어는 저속하거나 조악한 취향의 산물로 여겨지는 대상이나 문화 현상을 야유하는 뜻으로 사용된다.

83 헨리 밀러(Henry Valentine Miller, 1891~1980)는 미국의 소설가이자 수필가다. 뉴욕의 브루클린에서 자랐다. 대학을 포기하고 각종 직업을 전전하였다. 1930년대에 프랑스에서 본격적인 작품 활동을 시작하였다. 밀러에게 세계적인 작가의 명성을 가져다준 『북회귀선』과 『남회귀선』은 당시의 사회적 분위기로서는

문제겠는가."

#장소와 기억. 책 읽는 장소가 책에 대한 기억을 결정하는 듯, 독일 작가 마르틴 발저[86]는 『어느 책 읽는 사람의 이력서』에서 이렇게 고백했다.

어느 해 늦여름 나는 사과나무 아래에 앉아서 바이런을 읽었다. 이제 그 나무는 없어진 지 오래되었다. 그라벤슈타이너 사과나무로 우리 집 과수원에서 가장 일찍 열리는 종류였다. 이 나무 아래에서 바이런을 읽었을 때 그의 시구 '나는 베니스의 한숨의 다리 위에 서 있었다. 다리 한쪽엔 궁전이 있고 다른 한쪽엔 감옥이 있었다'가 크게 인상을 남긴 걸 미처 알지 못했다. 또한 그의 『차일드 해럴드의 순례』의 네 번째 노래를 읽기 시작했던 늦여름의 오후를 결코 잊을 수 없으리라는 것도 알지 못했다. 아마도 나는 이 시구를 제대로 기억하지도 못했을 것이다. 나는 시의 뜻보다는 시가 어떤 인상을 남겨주었는가를 더 중요하게 생각한다. 이 시는 내게 언제나 그해 늦여름을 생각나게 한다. 마을과 시간 그리고 이에 따른 걱정 등이다. 그 후 이 그림은 자연스럽기보다는 극적으로 더욱 분명하게 자라났다.

마르틴 발저에게 바이런[87]은 사과나무와 함께 떠오른다. 나에게 중국작가 쑤퉁[88]의 『홍분(紅粉)』은 서대문 지하다방의 쌍화차 냄새와 함께 떠오른다. 알베르토 망구엘의 『독서의 역사』는 대나무 숲이 빽빽이 들어선 절집의 툇마루다. 내용을 기억하지 않아도 좋다. 책과 논란을 불러일으킬 수 있는 표현으로 인해 화제가 되었다. 이 작품들은 외설 시비 때문에 작가의 조국 미국이 아닌 프랑스에서 먼저 출간되었는데, 그 후 미국에서 출판되기까지 30여 년이 걸렸다. 이후 밀러는 표현의 자유를 쟁취한 승리자로 명성을 떨쳤으며, 미국 캘리포니아에 정착하여 진보적인 작가 그룹을 이끌어나갔다. 밀러는 이 시기에 「섹서스」「플렉서스」「넥서스」 등으로 이루어진 3부작 『장밋빛 십자가』를 완성했다. 밀러는 노년을 작가로서의 화려한 명성을 뒤로하고 수채화를 그리며 평화롭게 지냈다.

84 마르셀 프루스트(Marcel Proust, 1871~1922)는 프랑스의 소설가다. 파리 근처 오퇴유에서 태어났다. 9세 때 걸린 천식이 죽음에 이르기까지 평생의 숙환이 되었다. 콩도르세 고등중학교에 입학하고 나서 작문으로 상을 받기도 하며 문학적 재능을 발휘했다. 이 시절 동인지 『향연(饗宴)』을 발행했다. 졸업 후 군대에 입대하여 1년 간 복무를 마치고 파리대학 법학부를 졸업. 지병인 천식에 시달리며 문학 창작에만 몰두했다. 1896~1900년에 걸쳐 대작 『장 상퇴유』를 집필, 또 1908~1910년경에는 『생트 뵈브에 거역해서』를 집필했다. 대표작이자 20세기 소설의 금자탑으로 불리는 대표작 『잃어버린 시간을 찾아서』는 1909년부터 죽을 때까지 병석에서 집필했다. 1913년 『잃어버린 시간을 찾아서』의 제1권 『스왕가(家) 쪽으로』를 출간, 1918년에는 제2권 『꽃피는 아가씨들의 그늘에』가 발간되었다. 이 작품으로 1919년 공쿠르상을 수상했다.

85 구양수(歐陽脩, 1007~1072)는 중국의 학자이자 관료다. 어릴 적 이름은 영숙(永叔)이며 호는 취옹(醉翁)이다. 가난한 집에서 태어나서 네 살 때 아버지를 여의었으며, 문구를 살 돈이 없어서 어머니가 모래 위에 갈대로 글씨를 써서 가르쳤다고 전한다. 열 살 때 당나라 한유(韓愈)의 전집을 읽은 것이 문학의 길로 들

함께 그곳에 있었다는 추억을 읽으면 된다. 가끔 어딘가에서 책을 읽었던 그 행위 자체가 한 권의 책이 된다. 프루스트[89]는 말했다. "자신이 읽은 책에는 그 책을 읽은 밤의 달빛이 섞여 있다."

#나는 읽는다. 오늘도 나는 읽는다. 숲에서, 산꼭대기에서, 바닷가에서, 하늘 위에서, 기차에서, 찻집에서, 도서관에서, 잔디밭에서, 사랑하는 사람의 무릎 위에서… 나는 읽는다. 나는 살아 있다.

어선 계기가 되었다고 한다. 1030년부터 진사, 한림원학사(翰林院學士)·참지 정사(參知政事) 등의 관직을 거쳐 태자소사(太子少師)가 되었다. 인종(仁宗)과 영종(英宗) 때 범중엄(范仲淹)을 중심으로 한 새 관료파에 속하여 활약하였으나, 신종(神宗) 때 왕안석(王安石)의 신법(新法)에 반대하여 관직에서 물러났다. 송나라 초기의 미문조(美文調) 시문인 서곤체(西崑體)를 개혁하고, 당나라의 한유를 모범으로 하는 시문을 지었다. 이른바 '당송8대가(唐宋八大家)'의 한 사람이었으며, 후학들에게 큰 영향을 주었다. 저서에 『구양문충공집』 153권이 있다. 『신당서(新唐書)』 『오대사기(五代史記)』의 편자이며, 『오대사령관전지서(五代史伶官傳之序)』를 비롯하여 많은 명문을 남겼다.

86 마르틴 발저(Martin Walser, 1927~)는 독일의 소설가다. 1927년 독일 바서부르크(보덴제)에서 태어났다. 1953년부터 본격적인 문필 활동을 시작했으며 1955년에 '47그룹상'을 받았다. 1957년 첫 장편소설『필립스부르크에서의 결혼』을 발표, 같은 해 '헤르만 헤세 문학상'을 받았다. 1962년에는 '게르하르트 하우프트만 문학상'을, 1965년에는 '실러 문학상', 1981년에는 '게오르그 뷔히너상'을 받았다. 그림이야기책『보덴제 Bodensee』를 펴내기도 했고, 젊은 시절에 관한 소설『샘솟는 분수』를 쓰기도 했다.

87 조지 고든 바이런(George Gordon Byron, 1788~1824)은 영국의 시인이다. 키이츠, 셸리와 함께 낭만주의를 선도한 인물로 알려져 있다. 런던에서 태어났다. 1798년에 5대 바이런 남작이 사망하여 6대 바이런경이 되어 조상의 땅 노팅검으로 옮기게 된다. 1805년 캠브리지대학교에 입학하여 역사와 문학을 전공하였으나 학업에는 그리 취미가 없었다. 1807년에 시집『나태한 나날들 Hours of Idleness』을 출판했으나《에딘버러 리뷰》잡지로부터 혹평을 받은 뒤 풍자시『잉

글랜드 음유시인과 스코틀랜드 비평가 English Bards and Scotch Reviewers』를 펴내서 복수했다. 평생 많은 작품을 남긴 다작가이다. 1808년에서 1811년까지 포르투갈, 스페인, 그리스 등을 여행하고 귀국한 뒤 런던에 살다가 1812년에 『차일드 해럴드의 순례 Childe Harold's Pilgrimage』를 출간한 뒤 유명해졌다. 그 후 「돈 주앙Don Juan」 등 유명한 작품을 계속 발표하여 낭만파 시인의 대표적인 존재가 되었다. 1815년에 안네 이자벨라 밀 뱅크와 결혼, 이 둘의 아이가 세계 최초의 프로그래머인 에이다 러브레이스이다. 그러나 이듬해 안네와 별거하고 영국을 떠나 스위스에서 퍼시 비시 셸리(Percy Bysshe Shelley)와 함께 방랑하면서 퇴폐적인 생활을 보낸다. 1823년에는 그리스 독립전쟁에 참가하여 그리스 독립군의 편에 섰다. 이듬해 36세의 나이로 말라리아에 걸려 사망하였다. 주요 작품으로 『나태한 나날들』(1806), 『잉글랜드 음유시인과 스코틀랜드 비평가』(1809), 『차일드 해럴드의 순례』(1812~1818), 『꿈 The Dream』(1816), 『카인Cain』(1821), 『청동기 시대 The Age of Bronze』(1823), 『섬 The Island』(1823), 「돈 주앙」 등이 있다.

88 쑤퉁(蘇童, 1963~)은 중국의 소설가다. 장쑤성에서 태어나 1984년 베이징사범대학교 중문과를 졸업했다. 1983년 단편 「여덟 번째 동상」으로 중국 문단에 그 이름을 알렸다. 현재 중국에서 가장 영향력 있는 작가 중 한 사람인 그는 비평가들의 찬사와 대중들의 사랑을 모두 받고 있다. 쑤퉁의 소설은 매우 섬세한 묘사로 현대 중국의 소시민들의 일상과 약자들의 위태로운 삶을 해학적으로 그려내고 있다. 1987년 「1934년의 도망」을 발표한 이래 중국 평단에서 '선봉파(전위파)의 기수'로 주목받은 바 있다. 장쑤문학예술상, 충칭문학상, 소설월보 백화상, 상하이문학상, 타이완 연합보 대륙단편소설추천상 등을 수상했으

며 『하안(2009)』으로 '아시아의 부커상'이라 불리는 맨아시아상을 수상했다. 많은 작품이 영어, 프랑스어, 독일어, 이탈리아어, 한국어 등 주요 언어로 번역 소개되었다. 또한 홍콩의 《아주주간》이 '20세기 중국 문학 베스트 100'을 선정했을 때, 중편 『처첩성군』이 31위에 올랐다. 또 그의 작품들은 여러 번 영화로 만들어졌다. 그중 『처첩성군』이 장예모 감독의 〈홍등〉으로, 「홍분」은 베를린영화제 은곰상 수상작인 〈홍분〉으로, 「부녀생활」이 장쯔이가 주연을 맡은 〈재스민 꽃이 피다〉로 영화화되었다. 그간 출간된 책으로 『눈물』『뱀이 어떻게 날 수 있지』『나, 제왕의 생애』『이혼지침서』『홍분』『마씨 집안 자녀 교육기』『측천무후』『하안』『쌀』 등이 있다.

89 주 84를 보시오.

책이 책을 소개하다

　일본 작가 히라노 게이치로가 독서에 빠져들게 된 계기는 열네 살 때 읽은 미시마 유키오[90]의 『금각사』였다. 그 책을 읽고 커다란 충격에 빠진 그는 미시마 유키오의 모든 책을 찾아 읽게 되었다. 『금각사』는 그를 미시마 유키오의 전작주의자[91]로 만들었던 것이다.
　독서인 조희봉[92]은 『전작주의자의 꿈』이라는 책을 통해 자신이 이윤기[93], 안정효[94]의 모든 작품을 찾아 읽은 두 작가의 전작주의자라고 고백했다. 조희봉은 100권이 넘는 이윤기의 작품을 모두 다 읽었다는 핑계로 이윤기에게 자신의 결혼식 주례를 서게 하기까지 했다.
　어떤 독자가 한 작가의 작품을 모두 찾아 읽고, 그 다음 작품을 손꼽아 기다리는 일은 작가에게도 독자에게도 지고(至高)의 행복이다. 필자를 주시하게 되면 책 읽기가 더 큰 쾌락이 된다. 이 '필자 주시'의 끝이 '전작주의'일 터이다. 한 사람의 필자에 주목하게 되면, 이

90 미시마 유키오(三島由紀夫, 1925~1970)는 일본의 소설가다. 본명은 히라오카 기미타케(平岡公威). 도쿄대학 법학부를 졸업했다. 도쿄대학 재학 중에 이미 소설을 썼으나, 제2차 세계대전 후에 가와바타 야스나리의 추천을 받아 문단에 나왔다. 1949년에 출간한 장편소설 『가면(假面)의 고백』이 굉장한 인기를 얻어 미시마는 24세에 일약 유명인사가 되었다. 그 후 그는 『사랑의 갈증』(1950), 『금색(禁色)』(1951~1953)을 거쳐 『금각사(金閣寺)』(1956)에 이르는 일련의 탐미적인 소설로 일본뿐 아니라 미국과 유럽 등에서도 호평을 받게 된다. 『우국(憂國)』(1960) 무렵부터 급진적인 민족주의자의 색채를 강하게 내보였다. 1954년 『파도의 소리』로 신조사 문학상, 1955년 희곡 『흰 개미의 집』으로 기시다 연극상, 1957년 『금각사』로 요미우리 문학상, 1964년 『비단과 명찰』로 마이니치 예술상을 수상했다. 1965년과 1967년에는 노벨문학상 후보에 올랐다. 미시마는 생전에 40편의 소설과, 18편의 희곡, 20편의 단편집, 그리고 최소한 20편의 수필집을 출간하였다. 1970년 11월 그가 주재하는 '방패의 회' 회원 4명을 이끌고 육상자위대 동부방면 총감부에서 자위대의 각성과 궐기를 외치며 할복자살하는 이른바 '미시마 사건'으로 일본 국내외에 커다란 충격을 안겨주었다.

91 한 사람의 전 작품을 모두 다 읽어야 직성이 풀리는 독자를 말한다.

92 조희봉(1970~)은 한국의 독서인이자 책 수집가다. 강원도 화천에서 태어나서 한양대학교 경제학과를 졸업한 뒤 정보기술회사에서 근무했다고 한다. 대학시절부터 10년 이상 고서점을 다니며 좋은 책들을 모으고 읽으며 살았다고 한다. 프리챌 고서점 동호회 '숨어 있는 책' 마스터로 활동한 적도 있다.

93 이윤기(1947~2010)는 한국의 소설가이자 번역가다. 성결교신학대학에서 공부

사람이 어떤 사람인지, 무슨 생각을 가지고 있는지, 어떻게 살아왔는지, 알면 알수록 점점 더 궁금해질 터. 그리고 그 궁금증의 단서는 대부분 책 안에 녹아 있다. 필자는 자신의 책에서 어떤 식으로든 스스로를 드러내게 되어 있기 때문이다.

다작의 전문 작가들도 많지만, 책이라는 게 오늘 나오고 또 내일 나오는 게 아니라서 책 한 권 읽고 나면 다음 책이 나올 때까지 기다려야 한다. 언제 어떤 책이 세상에 나올지 아무도 모른다. 한 권 나오고 영원히 나오지 않을 수도 있다. 마치 떠나간 연인의 편지를 기다려 자주 우체통을 열어보듯이, 서점에 나가거나 인터넷을 뒤져 아무개의 책이 새로 나오지 않았나 하고 확인하는 시간은 애틋하고도 소중하다.

또한 한 작가에게 관심을 가지면 그 작가가 다른 작가를 소개해준다. 아니, 책이 독자에게 다른 책을 소개하는 날이 온다. 히라노 게이치로는 한동안 미시마 유키오의 책만 섭렵했으나, 그러는 동안 미시마가 소설이나 에세이에서 언급한 작가들이 궁금해지기 시작했다. 미시마가 토마스 만[95]을 언급하면 토마스 만을 읽고, 그래서 토마스 만을 읽으면 이번에는 괴테[96] 이야기가 나오고, 그래서 괴테를 찾아 읽었더니 이번에는 실러[97]가 나오는 식으로 책이 그에게 다른 책을 소개했다.

한동안 그렇게 책의 숲에 빠져 있던 히라노 게이치로가 드디어 자신의 책을 쓰기 시작했다. 미시마 유키오가 쓴 소설 한 편이 그를 문학의 바다로 이끈 것이다. 그리고 또 다른 사람들이 그의 책을 읽고, 그의 책에서 또 다른 책을 알게 된다. 출발지는 각각 달라도 그들은 모두 바다로 간다. 책 읽는 자들은 책이라는 배를 갈아타면서 스스로의 바다에 이른다.

했다. 중학교 2학년 때 학비를 벌기 위해 도서관에서 일하게 되면서 독서의 세계로 빠져들었고, 그 후 인문학에 심취하게 되었다. 1977년 《중앙일보》 신춘문예에 단편 「하얀 헬리콥터」가 당선되면서 작가의 길을 걷기 시작하였다. 국군 나팔수로 있다가 베트남전에 참가하기도 했다. 1991~96년 사이에 미국 미시간주립대학교 종교학 연구원으로, 1997년에는 같은 대학 비교문화인류학 연구원으로 있었다. 1998년 중편소설 『숨은 그림 찾기』로 동인문학상, 2000년 소설집 『두물머리』로 대산문학상, 같은 해 제4회 한국번역가상을 수상했다. 소설집으로 『하얀 헬리콥터』『외길보기 두길보기』『나비넥타이』가 있으며, 장편소설로 『하늘의 문(門)』(3권) 『사랑의 종자』『나무가 기도하는 집』, 산문집으로는 『어른의 학교』『무지개와 프리즘』 등이 있다. 그 외에도 『그리스 로마신화』(5권)이 있다. 번역한 책은 움베르토 에코의 『장미의 이름』『푸코의 진자』『샤머니즘(M. 엘리아데)』『인간과 상징(C. G. Jung)』『천의 얼굴을 가진 영웅』 등 200여 권을 헤아린다.

94 안정효(1941~)는 한국의 소설가이자 번역가다. 1964년 《코리아 헤럴드》 문화부 기자를 시작으로 《코리아 타임스》《주간여성》, 한국 브리태니커 회사 등에서 일했다. 1975년부터 150여 권의 책을 번역한 한국의 대표적인 영미문학번역가 중 한 사람이다. 1983년 《실천문학》에 장편 『하얀 전쟁』을 발표하며 등단했다. 1982년 한국번역문학협회 제1회 번역문학상을 수상했으며, 1992년에는 『악부전』으로 김유정 문학상을 받았다. 고교 때 이미 영어소설을 썼다고 알려진다. 직장생활을 하던 도중 입대하여 월남전에 참전했고, 작가로 전업한 후에는 여러 차례 텔레비전과 라디오 방송 프로그램 진행을 맡기도 했다. 『가을바다 사람들』『학포장터의 두 거지』『은마는 오지 않는다』『동생의 연구』『미늘』『헐리우드 키드의 생애』『나비 소리를 내는 여자』『낭만파 남편의 편지』『태풍의 소리』

『하늘에서의 명상』『착각』『미늘의 끝』『신화와 역사의 건널목』『정복의 길』『지성과 야만』『밀림과 오지의 모험』『동양의 빛과 그림자』『영화 삼국지』『안정효의 글쓰기 만보』『걸어가는 그림자 – 영상으로 본 셰익스피어 극장』 등의 저작이 있다. 『은마는 오지 않는다』『하얀 전쟁』 등의 작품이 영어, 독일어, 일본어, 덴마크어로 번역되어 해외에 소개되었다. 옮긴 책으로는 알렉스 헤일리의 『뿌리』, 가브리엘 가르시아 마르케스의 『백년 동안의 고독』(문학사상사), 콜린 맥컬로우의 『가시나무새 1. 2』(문학사상사), 아이리스 머독의 『바다여 바다여』 등이 있다.

95 토마스 만(Thomas Mann, 1875~1955)은 독일의 평론가이자 소설가다. 독일 뤼베크에서 태어났다. 1929년 노벨 문학상을 수상했으며, 이 밖에도 괴테상 등 많은 상을 받았다. 토마스 만의 형은 작가 하인리히 만이다. 6명의 자녀 중 에리카 만, 클라우스 만, 골로 만도 독일의 중요한 작가다. 작품으로 『베네치아에서의 죽음』(1912), 『마의 산』(1924) 『선택받은 사람』(1951), 『파우스트 박사』(1947), 『속임받은 여인』(1953), 『사기꾼 펠릭스 크룰의 고백, 회상록의 제1부』 등이 있다. 평론가로서도 문학 · 예술 · 정치 등의 넓은 영역에 걸쳐 활동했다. 평론집으로는 『응답』(1922), 『노력』(1925), 『시대 요구』(1930), 『거장의 고뇌와 위대함』(1935), 『정신의 고귀』(1945) 등이 있다.

96 괴테(Johann Wolfgang von Goethe, 1749~1832)는 독일의 작가, 시인, 사상가로서 프랑크푸르트 암마인에서 태어났다. 독일 고전주의의 대표적 작가이며 독일의 문호로 추앙받는다. 대표 작품에 희곡 『파우스트』, 소설 『젊은 베르테르의 슬픔』, 자서전 『시와 진실』 등이 있다.

97 실러(Johann Christoph Friedrich von Schiller, 1759~1805)는 독일의 시인이자 극작가

다. 처음에는 법률을 공부했으나 후에 의학으로 바꾸었다. 1780년 사관학교를 졸업한 뒤, 이듬해 군의관으로 복무하면서 『군도(群盜)』를 완성하여 만하임 극장에서 상연해서 큰 호응을 얻었다. 그 외의 작품으로 역사극 『피에스코』(1784)와 비극 『간계와 사랑』, 시극 『돈 카를로스 Don Carlos』(1787)와 역사서인 『네덜란드 이반사(離反史)』(1788), 『30년 전쟁사』(1791~1793)와 『발렌슈타인』(1799), 민족극 『빌헬름 텔』(1804)이 있다. 시인으로서 『그리스의 신들』 『이상과 인생』 『예술가』 등의 사상시(思想詩)와 『잠수자』 『장갑』 등의 담시(譚詩), 그리고 『말』 『음악』 『친구와 적』 등의 이행시를 남겼으며, 베토벤이 작곡한 『제9교향곡』의 합창 부분 『환희에서』는 특히 유명하다. 또 소설로는 『범죄자』(1786), 『유령을 본 사람』(1789) 등이 있다.

새로 나온 책을 읽는다

고전(古典)이 좋다지만, 지나치게 강요하면 오히려 아이들을 책으로부터 멀어지게 만드는 첩경이 될 수도 있다. 고전에 대한 사전적 정의는 "예전에 만들어진 것으로 시대를 초월하여 높이 평가되는 문학 예술작품" "예전에 저작된 모범적이면서도 영원성을 지니는 예술작품"이다. 그러나 고전에 대한 나의 정의는 다르다. "중학교 때 읽기 시작해서 아직도 다 못 읽은 책" "아직 읽지 않았으면서도 남에게는 읽었다고 하는 책" "해야 하지만 하기 싫은 숙제와 같은 책"이다.

고전이 가진 가치를 인정하지 않는다는 뜻이 아니다. 하지만 고전만이 독서의 정도나 왕도는 아니다. 고전 읽기만을 목청 높여 강요하는 사람들을 만날 때마다 나는 '책도 사람을 억압할 수 있구나'라고 탄식한다. 만인의 친구, 만인의 연인이 없듯이 누구에게나 좋은 책은 존재하지 않는다. 마찬가지로 누구나 읽어야 할 책도 이 세상에는 없다. 이제 처음으로 독서의 바다에 발을 담그려는 청소년에게 고전부터 읽으라고 하는 것은 "이번에 소풍갈 때 어떤 옷을 입는 게 좋을까?"라는 물음에 "18세기 프랑스 궁정풍의 드레스를 입어라"고 말하는 것과 같다.

나는 학생들이 "어떤 책부터 시작해야 하나요?" 하고 물어볼 때면 오히려 '서점의 신간 코너를 놓치지 말라'고 당부하는 편이다. 서점의 신간 코너에 서 있는 일은 새벽의 어시장에서 이제 막 잡아 올린 생선 판매대 앞에 서 있는 것과 비슷한 설렘을 준다. 그 설렘은 현장감과 역동성에서 온다. 신간 코너는 지금 현재 우리가 살고 있는 동시대의 사상, 생각, 비전이 꿈틀대는 곳이다.

오늘 나온 책에는 어제 이전의 지식이 집결되어 있다. 그동안 또 어떤 새로운 인간과 새로운 생각이 튀어나왔을까? 오랫동안 침묵하던 어떤 작가가 회심의 펀치를 날리고 있을까? 오랫동안 기다리던 생일 선물을 드디어 보기 위해 눈에 감은 안대를 푸는 어린아이처럼 언제나 설레고 두근거린다. 만약 당신이 1분 1초에 쫓기는 비즈니스맨이라면 역과 공항의 서점 진열대를 놓치지 말라는 당부도 덧붙이고 싶다. 그곳은 매장 크기의 한계로 인해 어쩔 수 없이 그 시대 출판의 핵심만을 추려놓은 곳이다. 역이나 공항의 서점 진열대를 보면 그 시대, 그 나라, 그 지역에서 지금 가장 왕성하게 활동하고 있는 사람들이 가진 생각과 욕망을 눈치챌 수 있어서 즐겁다.

고전에 관한 한 다치바나 다카시(立花隆)[98]도 나와 비슷한 생각을 하는 것 같다. 그의 말을 그의 목소리로 들어보자.

오히려 진정한 과거의 지(知)에 관한 총체는 언제나 최신 보고서 속에서만 존재한다고 보는 것이 타당하지 않을까 생각합니다. 그러므로 과거의 지의 총체를 알고자 한다면 결코 고전에 구애받을 필요가 없으며, 또한 고전에 얽매여서도 안 됩니다. 이는 자연과학의 세계에서 살펴보면 금방 알 수 있는데, 예를 들어 물리학을 공부하려는 사람에게 "뉴턴의 『자연과학의 수학적 원리』를 읽어보세요"라고 충고하는 사람은 아무도 없습니다. 이 책은 현대 물리학을 공부하는 데 전혀 필요가 없습니다.

-다치바나 다카시(이언숙 역), 『나는 이런 책을 읽어왔다』, 청어람미디어

그렇다고 고전이 필요없다는 건 아니다. 고전은 많은 사람의 가슴에 오래도록 큰 울림을 남긴 책이다. 사람들이 되풀이해서 읽고, 또 다른 사람들에게 권하고, 그 내용과 명성이 오랜 시간 전해지면서 비로소 전설이 된 책이 고전이다. 그러나 책 읽는 사람 각자에게 의미 있는 '고전'이 있을 뿐, 이 세상 모든 사람이 읽어야 할 '고전'은 없다. 저명한 학자나 권위자가 정한 고전 목록에 체크를 해가면서 한 권 한 권 억지로 읽는, 마치 방학 숙제와 같은 책 읽기에서 좀 자유로워질 필요가 있다는 뜻이다.

고전이 어려우면, 고전 해설서를 먼저 읽어도 좋다. 이도 저도 싫다면 그냥 안 읽으면 된다. 나 역시 대학 시절 '고전 콤플렉스'에 빠진 적이 있다. 동서양의 고전 목록을 며칠에 걸쳐 작성한 후, 1년 내에 모두 읽겠다는 거창한 계획을 세우지 않았던가. 지식의 모든 영역을 장악하겠다는 나의 야망과 허영이 이해도 못하는 책을 소화 불량

98 다치바나 다카시(立花隆)는 일본의 저널리스트이자 저술가다. 1940년 일본 나가사키 현에서 태어났다. 1964년 도쿄대학교 불문과를 졸업하고 분게이슌주(文藝春秋)사에 입사하여 기자로 활동했다. 1966년 회사를 그만둔 후 도쿄대학교 철학과에 다시 입학해서 재학 중에 평론활동을 시작했다. 1974년 그는 월간 잡지 《분게이슌주(文藝春秋)》에 게재한 「다나카 가쿠에이 연구-그 금맥과 인맥」에서 현직 수상 다나카 카쿠에이가 미국 록히드사의 항공기를 구입하도록 영향력을 행사하는 대가로 뇌물을 받았다는 범법 의혹을 파헤쳐서 일본 정계와 사회를 격동으로 몰고 갔다. 이 글은 그 후 다나카 수상이 사임하고 체포되게 하는 데 결정적인 계기를 만들었다. 그 후 그는 인문·사회 분야뿐 아니라 우주, 뇌 등 과학 분야에 이르기까지 폭넓은 관심 분야의 연구와 저서를 통해 일본 당대 최고의 저널리스트이자 르네상스적 지식인으로서 대중의 많은 사랑을 받고 있다. 1979년 『일본공산당연구』로 고단샤 논픽션상, 1983년 기쿠치칸상, 1987년 『뇌사(腦死)』로 마이니치 출판문화상, 1998년 제1회 시바 료타로상을 수상했다. 『우주로부터의 귀환』『나는 이런 책을 읽어 왔다』『정신과 물질』(공저)『원숭이학의 현재』『거악(巨惡) 대 언론』『임사체험(臨死體驗)』(전2권)『뇌를 단련하다』『인체 재생』『21세기 지(知)의 도전』『내가 읽은 재미있는 책, 재미없는 책 그리고 나의 대량독서술, 경이의 속독술』『시베리아 진혼가-가즈키 야스오의 세계』『에게-영원회귀의 바다』『천황과 도쿄대』(전2권) 등 많은 저서가 있다.

걸린 채로 읽게 만들었다. 이래서는 책 읽기가 쾌락이 아니라 끔찍한 고통이 된다. 결국 나는 내가 세운 고전 프로젝트에 완전히 손을 들었다. 하지만 그때의 경험이 전혀 무의미한 것만은 아니었다. 나는 책을 읽다가 도중에 그만두는 것도 중요한 일이라는 것을 그때 알았으므로.

몇 해 전 종교학자 정진홍[99] 선생과 독일의 작가 크리스티아네 취른트[100]가 자신들의 고전 편력을 책으로 펴냈다[101]. 나는 설레는 마음으로 그 책들을 열었다. 두 권을 읽고 나니 갑자기 전에 읽었던 미셸 투르니에[102]의 『흡혈귀의 비상』이 생각나서 다시 꺼내 읽게 되었다. 이 세 권의 책 모두 저자들이 읽은 고전에 대한 독서일기다. 이 세 권의 독서일기는 모두 저자 나름대로 고전을 선택하고, 재미있게 읽은 기록이다. 세 사람의 고전 목록이 겹치지 않고 모두 다른 것이 흥미로웠다. 그들은 읽어야 할 책의 목록을 선택당하지 않고 스스로 선택한 사람들이다.

누군가는 말할 것이다. 그들은 모두 당대의 일급 지식인, 최고의 독서가들이 아닌가 하고 말이다. 그들의 경지에 이르지 않은 사람들은 그렇게 되기 위해서라도 남이 지정해주는 고전을 차곡차곡 읽어야 하지 않겠냐고 주장하는 사람들도 있을 것이다. 하지만 그런 책 읽기는 자칫 '숙제'가 되기 쉽다. 책 읽는 시간은 가장 자유롭고 가장 즐거워야 할 나만의 축제의 시간이 되어야 한다. 그래야 할 독서가 고통스러워서야 되겠는가. 무엇을 읽을 것인가. 그것은 어디까지가 읽는 사람이 정할 몫이다.

물론, 고전에서 진리를 찾고, 고전 읽기를 통해 인생의 방향을 잡

99　정진홍은 한국의 종교학자다. 1937년 충남 공주에서 태어나 서울대 종교학과 및 대학원을 졸업했다. 덕성여대, 명지대를 거쳐 현재 서울대 종교학과 명예교수, 대한민국학술원 회원, 한국종교문화연구소 이사장, 한림대 한림과학원 특임교수로 재직하였다. 지은 책으로 『종교학 서설』『기독교와 타종교와의 대화』『한국종교문화의 전개』『신을 찾아 인간을 찾아』『죽음과의 만남』 등이 있다.

100　크리스티아네 취른트(Christiane Zschirnt, 1965~)는 독일의 문학자이다. 1965년 독일 브레멘에서 태어났다. 함부르크대학에서 영문학, 예술사, 독문학을 공부했다. 그 후 취리히대학에서 박사학위를 취득하고 현재 함부르크대학교에서 강의하고 있다. 2001년 가을에는 『셰익스피어 AAC』를 집필했다.

101　정진홍, 『고전, 끝나지 않는 울림』, 강, 2003. 크리스티아네 취른트, 『책, 사람이 읽어야 할 모든 것』, 들녘, 2003.

102　미셸 투르니에(Michel Tournier, 1924~)는 프랑스의 소설가, 철학자다. 파리에서 태어났다. 파스퇴르고등학교 시절 모리스 드 강디약 교수의 철학 강의에 깊은 영향을 받고 소르본대학교에 진학했다. 그곳에서 질 들뢰즈, 미셸 푸코 등과 함께 공부했고, 가스통 바슐라르, 장폴 사르트르, 클로드 레비스트로스로부터 배웠다. 이어 독일 튀빙겐대학교에서 철학을 연구한 후 교수가 되려 했으나 자격시험에 실패하고, 출판사인 플롱사에 입사하여 문학 부장을 역임하면서 독일 문학 번역에 몰두했다. 1967년 마흔 세 살이 되던 해에 발표한 처녀작 『방드르디 혹은 태평양의 끝』으로 아카데미 프랑세즈 소설 대상을 받았고, 두 번째 작품 『마왕』으로는 공쿠르상을 받았다. 1972년부터 아카데미 공쿠르 종신 심사위원을 맡고 있으며, 거의 매년 노벨문학상의 유력한 후보로 거론되는

는 사람이 많을 것이다. 하지만 진리와 인생의 나침반이 고전에만 있는 것은 아니다. 한 권의 만화책, 지하철에서 읽은 잡지의 기사 한 편이 인생을 송두리째 바꾸는 경우도 있다. 임창[103] 화백의 만화 『땡이와 영화감독』, 『내가 최고』는 나의 어린 시절에 그 어떤 고전보다도, 문학전집보다도 많은 영향을 끼쳤다. 만화 주인공 '땡이'를 통해 나는 그 팍팍하던 시절, 희망과 용기를 얻었고, 미래에 대한 꿈을 키웠다.

    책 읽기에는 왕도가 없다. 좋은 책 나쁜 책이 따로 있는 것도 아니다. '읽어야 할 책이 있다'는 오해가 어느 유행가 가사처럼 '책 앞에만 서면 괜히 작아지게' 만드는 것이다. 언젠가 방학 때 읽을 만한 책 몇 권 소개해달라고 찾아온 제자에게 듣기 싫은 소리 좀 했다. "너는 내가 사귀라는 친구와 사귀고, 내가 결혼하라는 사람과 결혼을 할 작정이냐?"

작가다. 1962년부터 파리 근교의 생 레미 슈부르즈 근처에 있는 슈아젤이라는 작은 마을의 옛 사제관에서 지내고 있다.

103 임창(1923~1982)은 한국의 만화가다. 경북 포항에서 태어났다. 일본 오사카공업학교를 졸업하고, 해방 후 부산공고, 경남중학교, 부산여고 등의 미술교사를 지냈다. 그 후 1950년대부터 만화계에 투신, 잡지 《신태양》에 시사만화를 그리는 것을 시작으로 《대한일보》《평화신문》《서울신문》에 시사만화를 연재했다. 1960년대 중반 이후 필생의 캘릭터인 '땡이'를 만들면서 선풍적인 인기를 끌었다. 한국 아동만화의 역사에서 임창의 등장은 획기적이었다. '땡이'라는 스타 캐릭터를 창조하였고, 영화배우의 일생을 조명하는 등 한국 만화에 전문적이고 독창적인 내용을 불어넣었다. 작품으로 『땡이의 사냥기』(1964), 『멍구리군, 평화신문, 1960.11』, 『여일(如一)네』, 『로봇 마치스테, 소년한국일보』, 『지우개박사』(1965), 『나바론』, 『독수리의 요새』, 『로마의 휴일』, 『땡이의 애견기』(1966), 『백마야 가자』(1967), 『옛날 옛날』(1967), 『아리랑 탱고』(1967), 『날개』(1967), 『잠자는 우등생』(1968), 『말괄량이 합창』(1970), 『바우』(1975), 『여우이야기』(1975), 『땡이술법동자』(1975), 『꿈나라』(1977) 등이 있다.

읽기 싫은 책을 덮다

책이 눈앞에 있어도 읽고 싶지 않을 때가 있다. 이유는 한 가지가 아니다. 기분이 좋지 않을 때, 기분이 너무 좋을 때, 책에 오자가 많을 때, 장정이 마음에 들지 않을 때 등등. 하여간 읽기 싫을 때가 있다. 책 생긴 모양이 마음에 들지 않아 읽지 않을 때도 있다. 내용이 중요하지 판형이나 장정은 대수롭지 않다고 생각하는 사람들도 있지만, 꽤 긴 시간을 가지고 다니거나, 때로는 끼고 자야 하므로 역시 책이 생긴 모양을 마음에 걸려하는 편이다. 식민지 시대 최고의 산문가로 꼽혔던 이태준[104] 또한 책의 생긴 모양에 까다로운 사람이다.

책에만은 나는 봉건적인 여성관이다. 너무 건강해선 무거워 안 된다. 가볍고 얄팍하고 뚜껑도 예전 능화지처럼 부드러워 한손에 말아쥐고 누워서도 읽기 좋기를 탐낸다. 그러나 덮어놓으면 떠들리거나 구김살

104 이태준(1904~미상)은 한국의 소설가다. 강원도 철원에서 태어났다. 호는 상허(尙虛)·상허당주인(尙虛堂主人) 등을 썼다. 휘문고보를 나와 일본 조치(上智)대학에서 공부했다. 《시대일보(時代日報)》에 「오몽녀(五夢女)」를 발표하면서 문단에 나왔다. 구인회(九人會)에 참가했고, 그 후 이화여전 강사, 조선중앙일보 학예부장 등을 지냈다. 1930년대부터 본격적인 작품 활동을 시작한 그는 「가마귀」「달밤」「복덕방」 등의 단편소설을 통해 한국 현대소설 기법의 토대를 쌓은 것으로 평가되고 있다. 그의 작품은 허무와 서정의 색채가 짙으나, 한편으로 현실과 시대를 조명하기도 하였다. 《문장(文章)》지를 주재하다가 일제 말에는 고향 철원에서 지냈으며, 광복 후에 '조선문학가동맹'에서 활동하다가 월북하였다. 단편 「해방전후(解放前後)」(1946)는 그의 문학의 변화를 보여준다. 앞에 든 작품 이외에 소설집 『구원(久遠)의 여상(女像)』『딸 삼형제』『사상(思想)』『해방전후』 등이 있으며, 수필집 『무서록 無序錄』(1944)과 문장론 『문장강화(文章講話)』(1946)가 유명하다. 1946년에 월북하였다.

이 잡히지 않고 이내 고요히 제 태(態)로 돌아가는 인종이 있기를 바란 다고 할까.

- 이태준, 『무서록』, 범우사

　독자에게는 책을 읽을 권리도 있지만 책을 읽지 않을 권리도 있다. 책이란 반드시 읽기 위해 존재한다고 생각하는 건 고정관념이다. 책은 아무 말도 하지 않고, 누구도 편애하지 않는다. 책은 가만히 독자를 기다린다.

　책 읽기보다 더 즐겁고 중요한 일이 있으면 그 일을 놓치지 않아야 한다. 한 번 떠나면 다시 만나기 어려운 친구나 가족과 헤어지기 전날, 책을 읽어야 한다고 방에서 나오지 않는 자는 현명한 독서가가 아니다. 주말에 아이들과 인라인 스케이트를 타는 일은 책 읽기만큼이나 재미있다. 친구가 사는 게 힘들다고 술 한 잔 하자고 하는 날, 읽어야 될 책이 많으니 다음에 만나자고 해서는 안 된다.

　독자가 처음부터 읽지 않아도 될 권리를 가진 것은 아니었다. 왜냐하면 책을 읽을 수 있는 권리가 누구에게나 있었던 것이 아니었기 때문이다. 우리가 지금처럼 누구나 자유롭게 책을 읽을 수 있게 된 것은 그렇게 오래되지 않았다. 근대 이전까지 교육을 받을 수 있는 사람, 책을 접하고 읽을 수 있는 사람은 그야말로 소수에 지나지 않았다.

　성경과 불교 경전을 일반인들이 읽게 되면서 종교는 성채 밖으로 조금씩 나오기 시작했다. 사람들이 글자를 익혀 책을 읽으면서 개인에 대한 자각 의식, 사회에 대한 비판 의식을 가지는 것을 지배자들은 반가워하지 않았다. 금서, 즉 '사람이 읽지 말아야 할 책'이란 없다. 그러나 금서가 없었던 역사도 없다. 우리도 다르지 않았다. 노동자, 여자 그리고 보통 집 아이들은 독서 인구에 끼워주지 않았던 고약한 시절이 우리에게도 꽤 길었다. 지식과 권력과 부가 하나로 똘똘 뭉쳐 있던 사회에서 책은 가진 자, 배운 자들만이 누릴 수 있는 특권이었다. 지금처럼 출판사에서 책을 찍어내고, 읽고 싶은 사람들은 누구나 책을 읽을 수 있게 된 것은 우리 역사에서 백년이 채 되지 않는다.

그러니, 읽을 권리도 읽지 않을 권리도 우리에게는 여간 소중하지 않다. 이 권리를 가만히 지켜만 보고 있기에는 너무 아깝다. 읽고 싶을 때 책을 읽고, 읽기 싫을 때 책을 읽지 않는 권리를 확실하게 실천해보는 것은 어떨지. 다만, 읽지 않을 권리를 실천하기 전에 한 번 더 짚어볼 게 있다.

책 읽기보다 더 즐거운 일은 무엇인가? 그게 있다면 나에게 가르쳐주면 좋겠다.

서간문을 읽다

P에게

　오늘 그대에게서 편지가 왔습니다. 구독신청하지 않은 잡지, 가입하지 않은 단체의 소식지, 전화요금 청구서, 서명 운동 권유문 틈에서 당신의 이름을 발견하는 놀라움을 받아들였습니다. 배달된 봉투야 매일 책상 위에 수북이 쌓이지만, 흰 종이 위에 펜으로 또박또박 써내려간 종이만을 나는 편지라고 부릅니다.
　인터넷이 확산되고 이메일이 보편화되면서 편지를 받아보는 일이 부쩍 줄었습니다. 요즘 젊은이들은 연인에게도 편지를 쓰지 않는다지요? 하기야 교정의 벤치에 둘이 나란히 앉아서 서로 휴대전화로 문자 메시지를 주고받는 풍경을 보기도 했습니다. 그들은 지금의 내 마음을 모를 것입니다. 봉투를 받아들었을 때 전해지는 무겁지도 가

법지도 않은 짜릿한 무게, 봉투를 뜯을 때의 그 설렘, 비릿한 잉크 냄새, 세로획을 그을 때 끝이 약간 들리는 그리운 필체. 그 모든 것들을 한꺼번에 만나는 기쁨을 당신이 내게 주셨습니다.

편지의 유행은 인간이 이동하는 공간이 넓어지는 시기와 함께 하고 있습니다. 17세기 파리에서 유행한 서간 문학은 백년 후에는 좁은 살롱을 벗어나 항해와 발견의 시대에 걸맞은 확산을 보여주었습니다. 프랑스의 사상가 볼테르[105]는 평생 1만 통이 넘는 편지를 썼다고 하지요. 그는 30대의 처음 3년을 영국에서 망명생활로 보냈는데, 그곳에서 보고들은 여러 사건과 사조(思潮)를 편지 형태를 빌려 파리로 보냈습니다. 그것이 1743년에 발행된 『철학서간』[106]의 원고가 되었습니다. 이 책에서 볼테르는 동시대 런던에서 화제를 불러일으키고 있던 퀘이커교도나 뉴턴의 평판에 대해 알리는 등 외국 문물을 소개하는 형식을 취하고 있습니다. 그런데 실제로 그가 전하려고 한 것은 진보 사상, 그리고 당시 프랑스를 좌지우지하며 권력을 독점하고 있던 수구세력에 대한 엄중한 비판이었습니다.

18세기 작가들은 실로 많은 글을 서간문 형식으로 썼습니다. 루소의 『신 엘로이즈』나 몽테스키외의 『페르시아인의 편지』에 이르기까지 그들의 철학적 사유는 나 홀로 외치는 독백에서 나온 것이 아니라, 상대방과 '대화'하는 가운데서 자라나고 있습니다. 편지를 쓴다는 일은 독백과는 달리 상대방을 적시(摘示)하거나 상정(想定)하지 않으면 할 수 없는 일입니다. 그러므로 편지는 상대방이 없는 글이나 말과는 달리 어떤 모습으로건 독자를 고려하거나 배려하지 않을 수 없습니다. 손해배상을 청구하는 살벌한 내용증명 편지에도 첫 구절에는 으레 "귀사의 일익번창하심을 기원합니다"라고 쓰는 것은 이 때문인지요.

그런데 몇 해 전 우리나라에서도 상영되었던 이와이 슌지 감독의[107]일본 영화 〈러브레터〉[108]는 편지가 꼭 답장을 받아야만 완성되는 텍스트가 아니라는 것을 알려주었습니다. 그 영화의 주인공은 현실에 존재하지 않는 사람에게 편지를 보내고 답장을 받는 행운을 누렸지만, 만약 답장이 오지 않았어도 편지를 쓰는 일은 받는 사람과의 관계가 '현재진행형'임을 보내는 이에게 일깨워주는 구실을 하더군요.

영화의 줄거리를 반 토막만 소개하겠습니다. 애인이었던 이쓰키가 산행 중 사고로 죽은 지 2년이 지난 후, 이쓰키의 어머니는 아들의 2주기 추모식에 참석한 그녀를 집으로 초대합니다. 거기서 이쓰키의 중학교 졸업앨범을 보던 히로코는 그의 옛 주소를 발견하고 손목에 받아적습니다. 아직도 이쓰키를 잊지 못하던 히로코는 죽은 이쓰키에게 "잘 있었니. 나는 잘 있어. 히로코"라고 쓴 편지를 보냅니다. 며칠 후, 그 주소로 배달된 편지를 받는 또 다른 '이쓰키'는 그 편지에 답장을 씁니다. 생각지도 않은 답장에 소스라치게 놀란 히로코이지만, 그녀는 또다시 편지를 부칩니다. 그리고 그 일을 계기로 몰랐던 일들을 서서히 알게 됩니다.

당신에게 편지를 부치러 가는 길입니다. 우체통을 찾아 걸어가는 길가에는 영산홍이 흐드러지게 피어 있습니다. 한 손에 봉투를 들고

105 볼테르(Voltaire, 1694~1778)는 18세기 프랑스의 작가이며 계몽사상가다. 프랑스 파리에서 태어났다. 비극작품으로 17세기 고전주의의 계승자로 인식되고 있으며 빼어난 희곡, 철학소설, 역사 작품을 남겼다. 백과전서운동의 지원자로 유명하다. 1717년 오를레앙공의 섭정을 비방하는 시를 써서 투옥되었으나 비극 《오이디푸스 d'Ɔdipe》를 옥중에서 완성하고, 이를 1718년에 상연하여 성공을 거둔 후 볼테르라는 필명으로 바꾸었다. 1726년 프랑스의 전제정치에 환멸을 느껴 1726년에 영국으로 건너갔다. 영국에서 《앙리아드 Henriade》(1728)를 출판한 후, 1729년에 귀국하였다. 그 후 사상극 《자이르 Zaīre》(1732)와 『철학서간 Lettres philosophiques』(1734)을 발표해서 프랑스 사회를 비판하였고 이 때문에 프랑스 정부의 노여움을 샀다. 희곡 『마호메트 Mahomet』(1741), 『메로프 Mérope』(1743), 철학시 『인간론』(1738) 등을 발표하였다. 1746년 아카데미프랑세즈 회원으로 뽑혀 역사 편찬관이 되었으나, 또다시 궁정의 반감을 사서 불우한 나날을 보냈다. 파리에서 병사하기까지 약 20년 동안 스위스 국경에 가까운 페르네에 정착하였다. 그는 반봉건 · 반교회 운동의 지도자로서 수많은 투쟁적 글을 썼을 뿐 아니라 봉건주의와 종교적 편견에 맞서서 싸우는 등 실천 운동에도 몰두했다. 부정재판을 규탄한 칼라스 사건(1761)의 성과인 『관용론(寬容論) Traité sur la tolérance』(1763)과 세계문명사인 『풍속시론(風俗試論)』(1756), 철학소설 『캉디드 Candide』(1759), 『철학사전 Dictionnaire philosophique portatif』(1764)이 만년의 대표작이다.

106 『철학서간』(1734)은 볼테르가 1726년 두 번째로 바스티유에 투옥되었다가 출소한 후 1728년까지 영국에 망명한 경험을 바탕으로 한 서간 형식을 한 에세이다. 초판 원제는 '런던에서 쓰여진 영국인에 대한 편지 Lettres écrites de

이렇게 건들건들 걸어본 지가 대체 몇 년 만인지요? 우체통에 편지를 넣은 뒤에 내가 느꼈던 이 설렘을 온전히 당신의 것으로 받아주십시오. 혼란의 계절, 이유를 알 수 없는 불안감이 온몸을 감싸는 시대입니다. 외침은 메아리가 되어 돌아오지 않고, 받을 대상이 없는 언어들이 거리를 배회하고 있습니다.

가까이 있어도 멀리 있어도 언제나 아득한 당신. 오늘 나는 당신에게 편지를 썼습니다. 답장이 오지 않는다 하더라도 내가 편지를 기다리는 내내 우리는 '현재진행형'입니다. 안녕히.

당신의 M.K

Londre sur les Anglois'.

107 이와이 슌지(岩井俊二, 1963~)는 일본의 영화감독·각본가·음악가다. 미야기현 센다이시에서 태어났다. 요코하마 국립대학 미술학과를 졸업했다. 1988년 뮤직비디오를 만드는 일을 시작으로 영상제작에 발을 들였다. 1992년 영화 〈고스트 수프〉로 데뷔. 1993년에는 TV드라마 〈IF-불꽃놀이, 아래에서 볼까? 옆에서 볼까?〉를 연출하여 일본 영화감독협회 신인상을 수상했다. 1995년 첫 장편영화 〈러브레터〉를 감독하여 일본에서도 호평을 받고 한국에서 특히 폭발적인 인기를 얻었다. 이 외에도 〈스왈로우테일 버터플라이〉(1996), 〈피크닉〉(1996), 〈4월 이야기〉(1998), 〈릴리 슈슈의 모든 것〉(2001), 〈하나와 앨리스〉(2004) 등의 작품으로 '이와이 월드'라 불리는 자신만의 영화 세계를 구축했다. 아름다운 영상과 세밀한 감정 묘사로 우리나라에서도 많은 마니아 팬을 가진 감독이다. 2011년 제16회 부산국제영화제에 〈하나와 앨리스〉 이후 7년 만의 장편 극영화 〈뱀파이어〉를 들고 나타났다.

108 1995년 일본에서 만들어진 로맨스 영화. 이와이 슌지 감독이 만들고, 나카야마 미호, 토요카와 에츠시 등이 출연했다. 1999년 일본 대중문화가 개방되면서 국내 개봉된 이 영화는 국내에서 전국 140만 관객을 동원한 일본영화 최초의 흥행작이 되었다.

나는
책바보

아무도 내게
왜 책을 읽느냐고
물어보지 않았다

　아무도 내게 왜 책을 읽느냐고 물어보지 않았다. 그러나 언제부터인가 책들이 내게 말을 걸기 시작했다. "당신은 왜 우리에게 이토록 매달리는가?"라고. 대답하기 어려운 질문이다. 내가 책을 바라보듯이, 책 역시 나를 응시하고 있는 게 아닌가.
　불행하게도 나는 아직 책 읽기보다 더 즐거운 일을 만나지 못했다. 아마 오래도록 책을 읽고 있는 까닭도 책 읽기가 행복하기 때문일 것이다. 언젠가 정치학자인 최장집[109] 선생이 자신의 일과가 "전공 책을 읽는 시간과 비전공 책을 읽는 시간으로 나뉜다"고 말했다는 이야기를 들었다. 나도 대부분의 여가 시간을 전공과 상관없는 책을 읽으면서 보낸다.
　얼마 전 일본 문학의 두 거장인 쓰지 구니오[110]와 미즈무라 미나에[111]의 『필담』을 읽다가 거기에 나오는 쓰지 구니오의 말에 고개를

109 최장집(1943~)은 한국의 정치학자다. 고려대학교 정치학과와 미국 버클리대학교 대학원 정치학과를 졸업하고, 고려대학교 정치외교학과 교수를 지냈다. 또 미국 위싱턴주립대학교와 미국 캘리포니아 버클리대학교 초빙교수, 일본 도쿄 아시아경제연구소 객원연구원, 고려대 아세아문제연구소 소장을 역임했다. 한국 민주주의의 이론과 실천을 이야기하는 데 빼놓을 수 없는 학자다. 저서에 『어떤 민주주의인가』(2007), 『민주주의의 민주화』(2006), 『민주화 이후의 민주주의』(2002), 『한국의 노동운동과 국가』(1997), 『한국민주주의의 조건과 전망』(1996), 『한국민주주의의 이론』(1996), 『한국자본주의와 국가』(1990) 등이 있다.

110 쓰지 구니오(辻 邦生, 1925~1999)는 일본의 작가, 불문학자다. 도쿄대학교 불문과와 같은 대학원을 졸업, 릿쿄대학교와 가쿠슈인대학교의 교수를 역임했다. 1962년 「회랑에서」라는 작품으로 등단했으며 이 작품으로 제4회 근대문학상을 수상했다. 저서로 『아즈치 왕래기』 『배교자 율리아누스』 『여름의 성채』 『사가노 명월기』 『봄의 대관』 『구름의 향연』 등이 있다

111 미즈무라 미나에(水村美苗, 1951~)는 일본의 소설가다. 보스턴 미술학교와 예일대학교 불문학과를 졸업, 같은 대학교 불문과 박사과정을 수료했다. 1984년 일본에 일시 귀국했다가 다시 도미, 1990년 미시간대학에서 객원조교수, 1998년 스탠포드대학 객원교수를 역임했다. 1990년 나쓰메 소세키의 유작 『명암』의 뒷이야기를 그린 『속 명암』을 발표하면서 문단에 등장했다. 나쓰메 소세키의 문체를 완벽하게 재현했다는 절찬을 받으며 그해 예술선장신인상(藝術選奬新人賞)을 수상했다. 1995년 『사소설 from left to right』로 노마 문예 신인상 수상. 1998년에는 작가 쓰지 구니오와 1년 4개월 동안 신문에 연재한 문학 서간을 엮은 『필담』을 펴냈다. 2002년 『본격소설』로 요미우리 문학상을 수상했다.

끄덕거린 적이 있다. 다음의 문장 중에서 '문학'이라는 말을 '책'으로 바꾸면 바로 내가 하고 싶은 말이 될 듯싶다.

"문학이란 재미있기 때문에 읽는 것입니다. '놀아야 된다'고 해서 '놀이'를 강요할 수 없습니다. 그런 의미에서 문학이란 하나의 '놀이'와 같습니다. '읽어야 하는 것'이기 때문에 문학을 읽어서는 안 됩니다. 문학을 즐겁게 읽을 수 있다는 것은 '행복'을 안다는 것과 같습니다. 자기가 어떤 '놀이'에 대해서 알지 못한다는 것에 대해서는 누구나 무관심할 수 있겠지요. 그러나 자기가 '행복' 그 자체를 모른다는 것에 대해서는 아무도 무관심할 수 없을 것입니다."

― 쓰지 구니오·미즈무라 미나에(김춘미 역), 『필담』, 현대문학

하지만 책을 읽으면 마냥 즐거운가. 그렇지만은 않다. 책을 읽을 때 우리는 행복하면서 동시에 불행하다. 책을 읽을 때 우리는 세상과의 소통과 세상과의 단절을 동시에 경험한다. 책을 읽는 자는 완전한 단독자로서 세계와 맞닥뜨려야만 하기 때문이다. 그러므로 책 읽는 일은 구원(救援)인 동시에 좌절이다.

나는 책을 통해 세상과 만났고, 때로 세상을 피해 책으로 들어갔다. 내가 처음 책을 읽은 날은 언제일까. 내가 태어나서 처음으로 손에 집은 책은 어떤 책이었을까. 처음으로 내 눈에 들어온 글자는 무엇이었을까. 누가 혹은 어떤 사건이 조그만 소년의 손에 책을 들려서 방구석으로 숨어들게 했을까. 왜 그는 공놀이를 하지 않고 책을 읽었을까. 왜 어머니의 목에 두 팔을 걸고 어리광을 부리는 오후 대신 책

을 읽는 오후를 택했을까. 더듬어 생각해보니 책 읽기는 행복한 습관인 동시에 또한 슬픈 습관이었다.

책에는 없는 것이 없었다. 가지고 싶은 것, 만나고 싶은 사람, 가보고 싶은 곳이 다 들어 있었다. 책 속에서 나는 세상의 주인공이었다. 꿀벌이었고, 마도로스였으며, 영화감독이며, 어부였다. 그러나 책 안의 모든 하늘과 모든 바다는 내 것이면서 동시에 내 것이 아니었다.

그렇다고 해서 나의 책 읽기가 내 안으로만 향한 것은 아니었다. 나는 책을 통해 세상 한가운데로 나가고 싶은 욕망을 키웠다. 책 안의 세상은 책 밖으로 향하는 등불을 켰다. 그것은 책의 욕망이 아니라 나의 욕망이었다.

어린이가 글자를 배워 더듬더듬 책을 읽는 모습은 아름답고도 슬프다. 이제 그 아이는 커다란 세계와 만나기 시작한 것이다. 그 아이가 앞으로 어떤 책을 만나고, 어떤 사람을 만나고, 어떤 세계와 부딪치면서 커나갈까 나는 궁금하다. 책은 무심한 듯 그러나 모든 걸 지켜보리라.

책을 팔아
다시 책을 사는 바보

　　　　평생 책을 읽는 이들에게 재산 목록 1호는 당연히 책이다.
하지만 책은 재산 가치로는 그다지 좋은 품목이 아니다. 한 번이라도
책을 팔아본 사람은 안다. 당장 돈이 아쉬운데, 지갑과 통장은 바짝
말라버렸고, 집안에 있는 값나가는 물건이라고는 책밖에 없어 책 한
보따리 싸들고 고서점 찾아가는 심정을. 단골 책방의 주인도 가지고
온 책은 반가워할지언정 책값 칠 때에는 야박할 수밖에 없다. 고서점
도 살아남으려면 어쩔 수 없다. 그걸 뻔히 알면서도 한 보따리 책 팔
아 몇만 원 쥐고 나오는 심정을 뭐라고 딱 부러지게 설명하기는 참
난감하다.

　　가난했던 학생 시절, 어렵게 모은 책을 고서점에 내다 판 적이
있다. 옥스퍼드 영어사전[112] 한 질을 꼭 갖고 싶었던 것이다. 도서관
에 갈 때마다 나는 그 사전 앞을 그냥 지나치지를 못했다. 하루는

112 옥스퍼드 영어사전(The Oxford English Dictionary)은 최대 최고의 영어사전이다. 영국 옥스퍼드대학교 출판부에서 간행되었다. 1928년 초판 이래 1933년, 1972~1986년 두 번에 걸쳐 증보판이 간행되었다. 그것들을 묶어서 1989년에는 재판이 간행되었다. 또 1993년과 1997년에는 제2판의 보유(補遺)로서 Additions Series가 발행되었다. 약칭 'OED'로 알려져 있다. 수록 단어 수 약 29만 개 작은 제목을 포함하면 61만 5천 단어. 본체 20권, Additions 3권. 자원봉사자 방식에 의해 많은 어원, 용법, 의미 등의 수집에 성공하였다고 알려져 있다. 주요 편찬방침은 1150년 이후의 영어를 모두 수록하고, 각어(各語)의 형태·철자·의미의 변천을 용례와 함께 상세하게 기술하는 것 등이다. 이 사전은 언어학자뿐만 아니라 문학 연구가들에게도 필수의 사전이라고 할 수 있으며, 이 사전이 학계에 기여한 공헌은 지대하다. 1933년 보급판을 출판할 때 책 이름을 『A New English Dictionary』에서 『The Oxford English Dictionary』로 바꾸었다.

113 The Meaning of Everything: The Story of the Oxford English Dictionary. 옥스퍼드 영어사전(OED)을 만든 과정과 인물, 역사를 기록한 책이다. 저자 사이먼 윈체스터는 풍요로운 학식과 아름다운 문장으로 이전에 그가 쓴 베스트셀러 『The Professor and the Madman』(『박사와 미치광이-세계최고의 사전 OED의 탄생비화』)에서 다룬 주제를 다시 더 깊이 파고들고 있다. 1857년 시작된 옥스퍼드 영어사전 편찬 프로젝트가 새뮤얼 존슨 박사의 사전으로 대표되는 당시까지의 사전의 결점을 어떻게 극복하고자 했는지에 대한 생생한 묘사가 흥미진진하다. 처음에는 10년 정도 예상되던 OED프로젝트가 실제로 71년이나 걸린 이유, 몇만 쪽에 달하는 문장을 정리하기 위해 동원된 몇백 명의 교정자

꿈에 짙은 청색 장정의 옥스퍼드 영어사전이 직접 등장하기까지 했다. 지금 생각하면 우습지만, 그때는 나름대로 비장하게 '이건 분명히 사전을 사야 할 운명이다' 라고 생각했다. 결심하고 나니 제일 걸리는 게 3천 달러라는 책값이었다. 생각다 못해 나는 책 한 트럭을 내다 팔았다.

책들은 아무 말도 하지 않고 아무 표정도 짓지 않았지만, 나는 정말 그들에게 면목이 없었다. 그래도 부족해서 아내 몰래 책장 사이에 끼워둔 비상금의 일부도 털어넣었다. 스무 권짜리 사전 한 질을 방에다 들여놓고 나는 이틀 밤잠을 설쳤다.

몇 해 전, 옥스퍼드 영어사전 제작 과정을 담은 사이먼 윈체스터의 두 번째 책『모든 것의 의미』[113]를 읽다가 한 장의 광고 엽서를 발견했다. 75주년 기념으로 옥스퍼드 사전을 895달러에 판다는 것이다. 공교롭게도 그 가격은 내가 아내한테 옥스퍼드 사전을 싸게 샀다고 거짓말했을 때의 액수와 비슷했다. 하지만 나는 결코 후회하지 않는다. 그때 나는 한 트럭의 책을 팔아 스무 권의 사전을 샀다.

하지만 책을 팔고 나서 땅바닥을 내리친 사람 가운데 김용준[114]을 따라갈 이가 또 있을까. 그의 책『근원수필』에는 다음과 같은 사연이 담겨 있다. 끼니거리 다 떨어진 김용준 선생이 부인에게 쌀과 고기 사들고 오겠다고 큰소리치며 나간 곳은 명동의 서점. 중국의 대표적 자전인 『강희자전(康熙字典)』[115]과 설문해자 주석의 최고봉이라 불리는 『단씨설문해자주(段氏說文解字注)』[116]를 들고 나가 보았지만, 결과는 참혹했다.

들과 조수들의 이야기도 흥미롭다. 이 책은 『옥스퍼드 영어사전』이 만들어지기까지 많은 사람들이 쏟아부은 땀과 희생과 열정에 대한 최고의 찬사다.

114 김용준(1904~1967)은 한국의 화가, 미술평론가, 수필가다. 경상북도 선산에서 태어났다. 호는 근원(近園), 선부(善夫), 검려(黔驢), 우산(牛山), 노시산방주인(老柿山房主人) 등을 썼다. 1925년 경성 중앙고등보통학교를 거쳐 1931년 도쿄미술학교 서양화과를 졸업하였다. 중학교 재학 중 '조선미술전람회'에 입선할 정도로 일찍부터 미술에 재능을 보였다. 1938년 이후에는 신문이나 잡지에 미술평론과 미술 관계 시론(時論) 등을 기고하면서 이름을 날렸다. 1946년 서울대학교 예술대학 미술학부 동양화과 교수를 역임한 뒤, 1948년 동국대학교 교수가 되었다. 같은 해 30편의 수필을 묶어 『근원수필』을 출간하였는데, 이 수필집은 지금까지도 '한국 수필문학의 백미'라는 평가를 받고 있다. 1950년 9월 월북해서 평양미술대학 교수가 된 이후, 조선미술가동맹 조선화분과위원장, 과학원 고고학연구소 연구원 등으로 활동하다 1967년 사망하였다고 전해진다. 문·사·철(文史哲)을 겸비한 화가, 미술평론가, 미술사학자, 수필가로서 한국미술사와 수필문학에 많은 영향을 끼쳤다. 저서로는 수필집 『근원수필』 외에 월북 직전 출간한 『조선미술대요』(1949)와 북한에서 출간한 『고구려 고분벽화 연구』(1958)가 있고, 미술작품에는 〈춤〉(1957)이 남아 있다. 2002년 『새 근원수필』『조선미술대요』『조선시대 회화와 화가들』『고구려 고분벽화 연구』『민족미술론』 5권으로 이루어진 『근원 김용준 전집』이 열화당에서 출간되었다.

115 강희자전(康熙字典)는 모두 42권으로 된 중국의 자전(字典)이다. 당시 청나라 황제이던 강희제(康熙帝)의 칙명으로 진정경(陳廷敬), 장옥서(張玉書) 등 30명의 학자가 5년의 각고 끝에 강희 55년인 1716년에 완성했다. 명나라의 「자휘(字

"모두 100원 드리지요. 『강희자전』만은 대접해서 50원을 쳤습니다. 그래도 이걸 70원 받는다 쳐도 20원밖에 못 얻어먹는 폭입니다." 쌀 한 말에 800원 하는 세상에 『강희자전』 값이 겨우 70원밖에 안 된다는 것이 책을 사는 양반의 말씀이다. 나는 어이가 없어 눈만 떴다 감았다 할 뿐이었다.

- 김용준, 「강희자전과 감투」, 『근원수필』

쌀 한 말에 800원 하는 세상에 귀한 책을 50원에 날린 것이다. 돈이 없어 팔기는 팔았으나, 그 다음날부터 전전긍긍 혹시 책이 팔려버리지나 않았나 싶어 사흘이 멀다 하고 그 책방에 드나든다. 꼭 한 달 만에야 돈이 생긴 그가 팔지 않겠다는 주인과 다툰 끝에 20원의 돈을 더 얹어 70원을 주고 되사고야 만다.

위안을 주는 비슷한 처지의 사람이 또 있다. 조선시대 선비 이덕무(李德懋)[117] 같은 이도 글 읽는 데에는 능했지만, 돈 버는 데에는 재주가 없는 탓에 논어를 병풍 삼아 한서를 이불 삼아 추위를 이겼다. 밥을 굶다 못해 '맹자'를 팔아 배를 채웠다고 하니 더 말해 무엇하랴. 유유상종이라고 했던가. 이덕무의 글 친구 유득공[118]은 그 이야기를 듣고, 자신의 『좌씨전』을 팔아 이덕무에게 술을 사주었다고 한다.

도쿄 유학 시절 거의 출근하다시피 했던 진보초의 단골 고서점에 하루는 못 보던 책장 하나가 서 있었다. 웬걸. 고대 그리스 철학자들의 전집을 비롯해서 각국의 신화 전집, 거기다 전 주인의 철학 노트

彙)」「정자통(正字通)」 등의 구성을 참고하였으며, 12지(支)의 순서로 12집(集)으로 나누고 119부(部)로 세분하였다. 본문 이외에 총목(總目), 검자(檢字), 변사(辨似), 등운(等韻), 비고(備考), 보유(補遺)가 있다. 214의 부수(部首)를 세워 약 4만 7천 자를 각 부수에 배속시켜 획수 순으로 배열하고, 각자(各字)마다 반절(反切)에 의한 발음·훈고(訓)·자해(字解)를 달아 속자(俗字), 통자(通字)를 표시하였다. 오늘날의 한자자전의 체재(體裁)가 여기에서 정립되었다고 할 수 있다. 자해는 거의 정확하며, 적절한 고전의 용례를 경사백가(經史百家) 및 한(漢)·진(晉)·당(唐)·송(宋)·원(元)·명(明) 이래의 시인·문사들의 저술에서 광범하게 인용·예증하였다. 그러므로 오랫동안 가장 좋은 자전으로서 널리 이용되어 왔다. 음운(音韻)과 훈고에 중점을 둔 이 자전의 체재는 자마다 금운(今韻)을 앞에 두고 고운(古韻)을 뒤로 하였으며, 정의(正義)를 앞에 두고 방의(旁義)를 뒤에 두었다. 1827년에 왕인지(王引之)가 명을 받아 「자전고증(字典考證)」을 만들어 2,588조(條)의 오류를 교정(校訂)하여 중간(重刊)하였다. 〈두산백과사전〉 참조.

116 한나라의 허신(許愼)이 지은 자서(字書) '설문해자'를 청나라의 고증학자 단옥재(段玉裁, 1735~1815)가 쓴 주석서로서 모두 30권이다.

117 이덕무(1741~1793)는 조선 후기의 실학자이자 문장가다. 어릴 적 이름은 무관(懋官)이며 호는 형암(炯庵), 아정(雅亭), 청장관(青莊館) 등을 사용했다. 전장(典章)·풍토(風土)·금석(金石)·서화(書畵)에 두루 통달한 백과사전적 인간이다. 서얼 출신으로 가난한 환경에서 자랐으나, 워낙에 박학하고 시와 글이 좋아서 젊어서부터 이름을 떨쳤다. 홍대용, 박지원, 성대중 등과 사귀고 박제가, 유득공, 이서구 등과 함께 『건연집(巾衍集)』이라는 시집을 냈다. 이것이 멀리 청나

까지 꽂혀 있었다. 이게 도대체 무슨 일인가 싶어 주인장에게 물어보니, 세상을 떠난 남편의 30년 이상 모은 전공 자료와 노트를 형편이 어려워진 미망인이 내놓았다는 것이다.

하지만 전 주인은 내놓으면서 한 가지 조건을 달았다. 그는 이 책을 모두 사려는 사람에게만 팔아달라는 부탁을 주인에게 했고, 주인 역시 흔쾌히 동의했다.

10년 전, 그때 당시 60만 엔, 지금으로 쳐도 600만 원이 넘는 알짜 철학 책들 앞에서 나는 얼마나 서성거렸던가. 그 책장 앞에서 가만히 서 있기만 하는 나를 아내가 몇 번이나 끌고 나왔다. 아내가 슬며시 내 팔을 잡아당기지 않았다 해도 내게는 그 책장을 인수(?)할 돈이 없었건만, 나는 마치 뜯어말리는 아내 때문에 놓친 냥 아까워했다.

한 달쯤 지난 뒤, 그 책은 고서점에서 사라졌다. 새로운 주인은 어떤 사람일까? 나는 그때도 지금도 가끔 새 주인이 궁금하다. 그 책을 놓친 것도 아까웠지만, 그런 책을 책장 통째로 내놓은 전 주인 생각에 마음이 먹먹했던 기억이 어제 일 같다.

다른 사람이 읽던 책을 읽을 때마다 절대 만날 수도, 알 수도 없는 전 주인에 대해 생각하곤 한다. 그리고 이 책은 어디에서 여기까지 넘어왔을까 그 내력에 대해 상상하곤 한다. 내가 팔았던 책들은 지금 어디에서 누구에게 읽히고 있을까. 내 도장이 찍힌 책들은 그래도 다시 돌아올 희망이 있을까.

서울 신촌의 어느 고서점에 갔다가 대학원생쯤으로 보이는 어느 학생이 책을 파는 모습을 보았다. 어깨는 축 처져 있었고, 얼굴은 착라에까지 알려져서 이른바 사가시인(四家詩人)의 한 사람으로 이름을 날리게 되었다. 정조가 규장각을 설치하여 여기에 서얼 출신의 우수한 학자들을 검서관으로 등용할 때 박제가, 유득공, 서이수 등과 함께 뽑혔다. 정조의 총애를 받으며 규장각에서 『국조보감』『대전통편』『무예도보』 등 여러 서적의 편찬에 참여했으며, 많은 시편도 남겼다. 서울 지도인 「성시전도(城市全圖)」를 보고 읊은 「백운시(百韻詩)」가 정조로부터 '아(雅)'라는 평가를 받아 호를 아정(雅亭)이라 칭하였다. 1793년 병사한 3년 뒤 정조가 내탕전(內帑錢) 500냥을 하사하여 문집 『아정유고(雅亭遺稿)』 8권 4책을 간행하게 하였다. 여러 권의 저서를 남겼는데, 역사서 『기년아람(紀年兒覽)』, 선비의 윤리와 행실을 밝힌 『사소절(士小節)』, 고금의 시화(詩話)를 수록한 『청비록(淸脾錄)』, 명나라 유민(遺民)의 인물지인 『뇌뢰낙락서(磊磊落落書)』 등 10여 종이 있고, 이들은 『아정유고』 등 문집과 함께 아들 이광규(李光葵)에 의해 『청장관전서(靑莊館全書)』 71권 33책으로 편찬되었다.

118 유득공(柳得恭, 1749~1807)은 조선의 시인이자 역사가, 문필가다. 본관은 문화(文化). 호는 영재(泠齋), 영암(泠菴), 가상루(歌商樓), 고운당(古芸堂) 등을 사용했다. 정조 때의 북학파 사검서(四檢書)의 한 사람. 증조부와 외조부가 서자였기 때문에 서얼 신분으로 태어났다. 숙부인 유련의 영향을 받아 10대 때 시를 배웠으며, 20세를 지나 박지원·이덕무·박제가와 같은 북학파 인사들과 교유하기 시작했다. 1774년(영조 50년)에 사마시(司馬試)에 합격하여 생원이 되었으나, 1779년(정조 3년)에 검서관에 임명되어 32세가 되어서야 처음으로 관직 생활을 시작할 수 있었다. 이후 포천현감·양근군수·광흥창주부·사도주부·가평군수·풍천도호부사 등의 벼슬을 지냈다. 그를 아끼던 정조가 돌아가자

잡해 보였다. 그러나 나는 알고 있다. 그 학생이 그 돈으로 다시 책을 살 것이라는 것을.

　책을 팔아 다시 책을 사는 바보, 그 바보들을 나는 옹호한다.

관직에서 물러나 은거하다가 1807년(순조 7년)에 60세를 일기로 사망. 지금의 의정부시 송산동에 묻혔다. 생전에 그는 두 차례에 걸쳐 중국 북경을 방문하였고, 이 경험을 토대로 뛰어난 저술을 남겼다. 저서로는 시문집인 『영재집』 『동시맹』이 있고, 청나라 문사들의 시문을 모은 『중주십일가시선(中州十一家詩選)』, 연행과 관련된 『열하기행시주(熱河紀行詩註)』 『연대재유록(燕臺再游錄)』, 신변잡사와 단상들을 모은 『고운당필기(古芸堂筆記)』, 조선의 세시풍속을 기록한 『경도잡지(京都雜志)』가 있다. 그 외 역사서로 『이십일도회고시(二十一都懷古詩)』 『발해고(渤海考)』 『사군지(四郡志)』가 있다.

책을 훔치다

　　최근 몇 년 사이 서울 시내 초대형 서점 한 곳에서 1년에 없어지는 책이 7~8만 권, 전체 매출의 0.6퍼센트에 이른다고 한다. 도둑맞은 책을 도둑의 속성으로 분류해보니 중고생은 참고서나 문제집, 대학생은 전공서적, 중장년층은 취미서적이나 잡지가 주된 '목표물'이라고 한다. 도둑을 잡아보면 대개 번듯한 회사원인 경우가 많고, 학생 도둑도 지갑 속에 훔친 책의 값을 치르고도 남을 돈을 가지고 있는 경우가 대부분이라고 한다. 그러니 책도둑은 도둑이 아니라는 속설은 맞지 않다. 사실은 가장 지독한 도둑이 책도둑이다. 안 그래도 이윤이 빡빡한 서점 경영을 가장 크게 위협하는 존재이기 때문이다.

　　20세기 최대의 책도둑을 들자면 단연 스티븐 블룸버그(1948~)의 이름을 앞세워야 한다. 그는 1968년쯤부터 20여 년 세월 동안 미국과 캐나다의 268개 도서관에서 모두 2만 3600여 권의 책을 훔쳤다. 하버드대학, UCLA, 듀크대학, 미네소타 대학, 뉴멕시코 대학, 코네티컷 주립도서관, 워싱턴주립대학, 미시간대학, 위스콘신대학 등을 모두 섭렵했다. 그가 훔친 책은 무게로 19톤, 시가로는 무려 2천만 달러에 달했다. 미국의 수사기관은 아이오와 주에 있는 그의 집에서 훔친 책들을 옮기려고 12미터짜리 견인 트레일러 두 대와 870개의 포장용 종이 상자를 준비해야 했고, 옮기는 데 꼬박 이틀이 걸렸다고 한다.

그런데 그는 아무 책이나 훔친 게 아니다. 책을 훔칠 때 그냥 무작위로 훔친 게 아니다. 일정한 주제를 정해 주도면밀하게 수집했다. 그가 훔친 책 목록이 후에 호사가들에 의해 '블룸버그 컬렉션'이라고 불렸을 정도다. 또 훔친 책을 남에게 팔지도 않았다. 그는 친구에게 보낸 편지에서 '도저히 다스릴 수 없고 채워지지도 않는 욕망 하나'를 갖고 있다고 고백했다. 그것은 바로 '책을 향한 욕망'이었다.

블룸버그가 체포된 뒤 어느 날, 정신감정을 받기 위해 의료시설에 수용되었다. 이때 다른 죄로 함께 잡혀 있던 마피아 두목이 물어보았다고 한다.

"자넨 솜씨도 좋으면서 왜 보석도 아니고 겨우 책 같은 걸 훔쳤나?"

블룸버그는 대답했다.

"팔아먹기 위해 책을 훔친 게 결코 아닙니다. 갖고 싶었을 뿐입니다."

책도둑은 도둑이 아니라는 출처 모를 속설은 분명 헛소리다. 책도둑도 엄연한 도둑이다. 그러나 많은 책도둑의 절도 동기는 훔친 책을 읽기 위해서다. 소설가 성석제[119]는 말한다.

"훔친 책은 가슴을 뛰게 하는 긴장이 부작용처럼 곁들여져 잘 읽히고 쉽사리 잊히지 않았다. 나보다 수준 높은 책도둑의 서고에서 동굴 속의 알리바바처럼 넋이 나가 서 있던 적도 두어 번 있다. 그 정선된 보물을 다시 훔침으로써 우리 책도둑들은 시대정신을 공유했다.

– 『책, 세상을 탐하다[120]』에서

2002년쯤인가 미국 신문 《뉴욕타임스》는 '가장 많이 훔쳐가는 책'이라는 기사를 통해 '뉴욕 책도둑의 세계'를 소개했다. 그 기사에 따르면 책도둑들이 좋아하는 책은 지역별로 차이가 나는 듯하다. 맨해튼 시내에 있는 서점에서는 브로우스키, 긴즈버그 같은 비트 작가들의 작품들이나 카프카, 아비 호프만의 책이 인기가 있다고 한다. 맨해튼 북동부 지역에서는 고가의 사진집, 화보, 신간 소설 등이 주로 도난당한다고 한다. 맨해튼에 있는 스트랜드 서점의 주인인 프레드 배스는 "우리 책방에서 책도둑들에게 가장 인기 있는 책은 고등수학과 철학, 신학 서적"이라고 말했다.

언젠가 '한국 도난도서 목록'을 만들어 시기별·지역별로 분류해 보고 싶다. 책도둑들이 가장 사랑한 책이야말로 당대 정신세계의 주소를 가장 잘 보여주는 잣대가 되는 것은 아닐까. 목적이 독서든 수집이든 판매든, 붙잡힐 위험을 무릅쓰고 훔칠 만큼 한국의 책도둑들이 꼭 가지고 싶었던 책은 무엇일까.

119 성석제는 한국의 소설가이자 시인이다. 1960년 경북 상주에서 태어났다. 연세대 법학과를 졸업했다. 1986년《문학사상》시 부문 신인상 수상, 1997년 제30회 한국일보 문학상 수상, 2002년 제33회 동인문학상을 수상했다. 주요작품으로 장편소설 『왕을 찾아서』『궁전의 새』『순정』, 중편소설 『호랑이를 봤다』, 소설집 『그곳에는 어처구니들이 산다』『새가 되었네』『재미나는 인생』『아빠 아빠 오, 불쌍한 우리 아빠』『홀림』『황만근은 이렇게 말했다』『번쩍하는 황홀한 순간』 등이 있다. 대학 시절 문학동아리인 연세문학회 시절에는 시인 기형도와 짝을 이룬 뛰어난 듀엣가수였다.

120 장영희 외 22인, 『책, 세상을 탐하다 : 우리시대 책벌레 29인의 조용하지만 열렬한 책 이야기』, 평단문화사.

책 있는 곳은
다 학교다

　학교에서 읽으라는 책도 있었지만, 학교 다닌다고 못 읽은 책도 많았다. 그 불만을 참지 못하고, 학교를 뛰쳐나와 책을 택한 사람들도 간혹, 아니 생각보다 많다. 젊은 독서인들이 많이 몰리는 신촌의 고서점 '숨어 있는 책'[121]에서 나는 학력으로만 보자면 보잘 것없는, 그러나 지닌 지식이나 눈빛은 찬란한, 그런 사람들을 어깨너머로 많이 만났다. 읽은 책의 양과 질로 따진다면 그들은 모두 이미 하나의 학교를 만들어가고 있었다.
　전설의 무용가 이사도라 덩컨[122]도 일찌감치 학교를 때려치우고, 원 없이 책을 읽은 사람 중 하나다.

　학교를 그만둔 후 나는 대단한 독서가가 됐다. 우리가 그즈음에 살고 있던 오클랜드에는 공립 도서관이 있었다. 거리는 문제가 아니었다. 나

121 고서적 전문점으로 마포구 노고산동에 위치해 있다. 고서점들 중에서는 꽤나 유명한 책방이다. 1층과 지하 1층으로 나누어져 있고 1층에는 문학, 소설, 시, 예술 관련 서적들이 있는데, 간혹 볼만한 연극, 영화 관련 서적들이 심심치 않게 등장한다. 지하 1층은 인문 사회과학 관련 서적들이다. 책값도 제일 저렴한 편이다. 공간이 넓은 편은 아니지만 효율적으로 책을 배치했고, 자판기 커피지만 커피도 무한 제공된다.

122 이사도라 덩컨(Isadora Duncan, 1877~1927)은 미국의 무용가다. 샌프란시스코에서 태어났다. 현대 창작무용을 예술의 수준으로 끌어올린 '자유무용'의 창시자로 칭송된다. 덩컨이 만들고 몸소 실천한 현대무용은 고전무용(발레)의 전통이 비교적 옅은 미국에서 태어났다. 그녀도 처음에는 발레를 배웠지만 무소불위의 반항아였던 덩컨은 인공적 기교를 중시하는 고전무용에 의문을 품고, 자연과 자유를 좀 더 분방하게 표현하고자 하는 예술적 욕망을 불태우게 된다. 덩컨이 처음 시카고의 무대에 섰을 때 토우 슈즈를 벗어던지고 맨발로 발레를 했고, 고전 발레에 눈이 길들여져 있던 관객들의 조소를 받았다. 관객의 무관심을 뒤로하고 덩컨은 1900년 유럽으로 건너간다. 그해 그의 춤이 파리에서 관객의 강한 지지를 얻게 되고, 그것이 계기가 되어 유럽 각지에서 그의 '자유무용'을 발표하게 된다. 특히 그의 춤은 독일에서 큰 지지를 얻고 이후 독일 신무용의 탄생에 기여한다. 1904년 베를린에 무용학교를 설립, 이후 미국·러시아·프랑스에도 무용학교를 만들고, 자신의 무용단을 조직하여 활발한 활동을 전개하였다. 말년은 주로 파리에서 보내다가 1927년 프랑스 니스에서 목에 맨 스카프가 자신이 탄 자동차의 뒷바퀴에 끼여서 질식사로 숨졌다. 1968년, 이사도라 덩컨의 일생을 다룬 영화 〈맨발의 이사도라(Isadora)〉가 제작·개봉되었다.

는 뛰고 춤추고 껑충거리며 도서관으로 갔고 돌아올 때도 마찬가지였다. 그 당시 디킨즈, 세커리, 셰익스피어의 모든 작품을 읽었고, 수천 권의 소설, 좋은 책, 나쁜 책, 논술집, 졸작들을 가리지 않고 모든 것을 주워 삼켰다. 나는 밤을 새워가며 새벽이 되어서 초가 다 탈 때까지 책을 읽었다. 낮에 빌려온 책을 모조리 읽어치우는 것이다.

- 『이사도라 덩컨』 (구희서 역), 민음사

책을 읽는 일은 학력과는 상관이 없다. 학업의 유효기간은 고교 3년, 대학 4년이지만 책 읽기의 유효 기간은 살아 있을 때까지다. 그러므로 책이 있는 곳이 곧 학교다. 시인 고은은 말한다.

"학생이라는 말을 나는 아주 좋아합니다. 무언가를 배우는 생명이라는 말이지요. 독서나 공부는 학부 4학년, 중학교 3학년, 고교 3학년, 혹은 유치원이나 초등학교 6년으로 끝나는 게 아닙니다. 평생 숨이 넘어갈 때까지가 공부의 기간이라고 확신해야 합니다. 그래서 나는 늘 내가 타고나지 않은 많은 것들을 내 것으로 만들기 위해서 끊임없이 공부를 하지요. 어떤 책이든지 거기에는 고귀한 가치가 반드시 금강석처럼 빛나고 있어요. 책을 닫아두면 그 속에 있는 언어는 시체일 뿐입니다. 책을 열어서 나에게 왔을 때 비로소 이 세계가 살아나지요. 책처럼 매혹적인 것은 없어요. 책을 펴면 살아나고, 애기처럼 태어나서 생명이 자라나지요. 책은 나에게 어떤 생명이 왕성하게 지속되는 숲 속이고, 그 속에 내가 있어요."

- '고은의 서재', 인터넷 포털 네이버 〈지식인의 서재〉에서

(http://bookshelf.naver.com/story/view.nhn?intlct_no=62, 2011. 7. 14)

책처럼 매혹적인 학교는 없다.

신촌 공씨책방[123]의 주인장 공진석 씨도 대학과는 거리가 먼 사람이었다. 그래도 나는 그분이 박사들과 논쟁해서 지는 걸 본 적이 없다. 독서가 워낙에 넓고 깊었기 때문이리라. 그분은 자습(自習)이란 무엇인가를 나에게 몸소 보여주었다. 하루는 책방에 들렀더니 손님들어오는 것도 모른 채 혼자서 독일어 사전을 뒤지고 있는 게 아닌가. 독일 문학과 철학에 한동안 빠져 있더니, 번역으로만 읽기에는 답답하다고 아주 독일어 공부에 직접 나선 것이었다. 어쩐지 부끄러운 생각이 들어 나도 덩달아 한동안 독일어를 공부하기도 했다. 그분이 갑자기 돌아가셨다는 소식을 들었을 때, 내게는 가장 먼저 표지가 하얗게 닳은 그 독일어 사전이 떠올랐다.

고서점을 경영하면서 책에 대한 열정을 유지한다는 것은 사실 보통 일이 아니다. 책을 어지간히 좋아하는 사람이라도 고서점의 먼지와 괴팍한 손님들, 돌덩이보다도 더 무거운 책 뭉치에는 질리기 마련이다. 영국의 소설가 조지 오웰[124]도 평생 책을 끼고 산 사람으로 유명하지만, 고서점에서 일하는 동안만큼은 책에 질렸다고 고백한 바 있다. 그는 「서점 추억(Bookshop memories)」이라는 이름의 에세이에서 "책을 한 번에 5천 권이나 만 권씩 덩어리로 보게 되자, 책이 지겨워지고 심지어 조금 역겨워지기도 했다"는 심정을 밝힌 바 있다. 하지만 공진석 씨는 달랐다. 당신 스스로 늘 책을 읽어서, 공씨책방을 하나의 학교로 만들었다. 그는 서점 주인이면서 '공씨책방'이라는 학교의 교장 선생님이었다.

사실 따지고 보면 책 한 권 한 권은 모두 하나의 학교가 아닌가. 더구나 책은 등록금도, 등하교도, 조회도, 훈화도 일절 없는 즐거운 학교다. 이사도라 덩컨이 학교를 그만두고 도서관의 수많은 책을 읽은 것은 세상이라는 더 크고 더 즐거운 학교를 다니기 위해서였다. 이사도라 덩컨은 읽어야 할 책과 읽지 말아야 할 책이 정해져 있는 현실을 거부했다. 공씨책방의 공진석 씨도 자신이 운영한 고서점이 그 어느 곳보다 자유로우면서도 책 읽기에 관해서는 엄격한 학교가 되기를 원하지 않으셨을까? 그래서 책을 열심히 보는 아들 뻘 되는 학생들과 막걸리 마셔가며 열띤 토론을 벌이지 않았을까 하고 어렴풋이 짐작해본다.

일곱 살 때부터 지금까지 학교라는 울타리에서 단 한 번도 벗어난 적이 없는 나는 공부하는 사람의 경쟁 상대가 학교 안에만 있다는 착각에 빠지지 않으려고 애쓴다. 책이라는 큰 학교, 평생을 다녀도 졸업하기 어려운 누구에게나 열려 있는 학교의 얼굴 모르는 수많은 학생들과 경쟁해야 하기 때문이다.

123 공씨책방은 서대문구 창천동에 위치한 고서, LP, CD 전문점이다. 공씨책방의 낡은 서가에는 『독립신문』『성호사설』『고려사』 등의 영인본과 1980년대 초반 뿌리깊은나무에서 펴낸 『한국의 발견』, 80년대 화제작 조세희의 『난장이가 쏘아올린 작은 공』 초판본 등 발간된 지 20년이 넘는 책이 종종 눈에 띄고, 한쪽 구석에는 낡은 영문 소설이 켜켜이 쌓여 있다. 80년대 후반 우리나라에서 제일 큰 고서점이었으나 높은 지대와 90년대 초 광화문 재개발로 서점이 위기에 처하고, 공씨책방을 처음으로 연 공진석 씨가 갑작스럽게 세상을 뜨면서 점점 기울기 시작했다. 가족들은 책방을 신촌으로 옮기고 현재는 처제와 조카가 운영 중이다.

124 조지 오웰(George Orwell, 1903~1950)은 영국의 소설가이자 비평가다. 만년에 쓴 소설 『동물 농장』과 『1984년』으로 유명해졌다. 여덟 살 때 인도에서 영국에 돌아온 후 명문 사립학교 이튼스쿨을 졸업했으나, 학교를 아주 싫어했다. 훗날 에세이 『기쁨은 그 정도로 컸다(Such, Such Were the Joys)』에서 이튼스쿨의 교육을 신랄하게 비판했다. 학업성적이 좋지 않아 대학에 진학하지 않고 미얀마의 경찰관이 되어 식민지의 실태를 경험했다. 그 후 식민지에 대한 속죄의식을 씻고자 파리·런던에서 궁핍한 생활을 한 뒤 교사·서점점원 등을 전전하면서 집필활동을 했다. 소설 『버마의 나날』은 이 시기가 배경이다. 1933년에 첫 책 『파리와 런던의 밑바닥 생활』을 출간할 무렵부터 사회주의자가 되었고, 1936년부터 스페인 내전에 공화파로 참가, 『카탈로니아 찬가』(1938)는 그때 경험이 바탕이 되었다. 소련의 스탈린 체제를 희화화한 동물우화 『동물농장』을 전쟁 직후인 1945년에 출판하여 베스트셀러가 되었다. 그러나 그해 아내를 잃고 지병인 폐결핵이 악화되어 병원에 입원했다. 그곳에서 인간의 모든 생활이 전체주의에 지배되는 세계를 그린 미래소설 『1984년』(1949)을 썼다.

책들도 나이를 먹는가

몇 해 전에 『꿀벌 마야의 모험[125]』이 새 판으로 나온 것을 보고, 나는 문득 40년 가까이 된 그 책의 오래된 판본과 장정을 떠올렸다. 새로 나온 세련된 책은 반갑기는 하되, 익숙하지는 않았다. 오래전에 아껴가며 읽던 책은 낡기는 했지만 내 몸의 일부 같다. 그래서 편안하기도 하고 두렵기도 하다.

나와 함께 세월을 보낸 오래된 책들을 보면 그 책에 얽힌 기억들이 필름 돌아가듯 떠오른다. 낡은 표지 위에서 옛날에 내가 쓴 글씨를 발견하는 날에는 어린 시절의 내가 인사를 건네오는 것 같은 느낌이 든다. 그런 날이면 영락없이 그 책을 다시 읽는 버릇이 있다. 되돌리고 싶은 시간이 내게는 많은 것일까.

나는 책을 참 많이 버리기도 했다. 책을 버릴 때 어느 책이 더 귀중하다거나 덜 귀중하다거나 하는 잣대가 있는 것은 아니다. 버리려

125 독일 작가 발데마르 본젤스의 아동문학 소설이다. 1912년에 발표되었다. "조그만 꿀벌 마야는 꿀을 모으러 처음 바깥 세상에 나왔다가, 자연의 아름다움에 감동을 받아 그 길로 모험의 세계에 뛰어든다. 마야는 많은 고생과 경험을 한 끝에 장수말벌의 포로가 되었으나, 그곳에서 꿀벌을 습격하려는 계획을 알아내고는 자기 일족을 구하기 위해 필사적으로 탈주한다. 그 덕택으로 꿀벌들은 멸망의 위기에서 벗어날 수 있었다."

126 파블로 네루다(Pablo Neruda, 1904~1973)는 칠레의 시인, 외교관이며 정치가다. 본명은 네프탈리 리카르도 레이에스 바소알토(Neftalí Ricardo Reyes Basoalto). 칠레의 파랄에서 태어났다. 13세 때 처음으로 일간지 《라마냐나》에 「열광과 인고」라는 글을, 열네 살 때는 《코레부엘타》에 네프탈리 레이에스라는 이름으로 「내 눈」이라는 시를 발표했다. 1920년 10월부터 파블로 네루다라는 필명을 쓰기 시작했다고 한다. 1921년 칠레 산티아고의 사범대학에 입학. 첫 시집 『황혼의 노래』, 이어 1924년 『스무 편의 사랑의 시와 한 편의 절망의 노래』를 간행했다. 이 두 권의 시집으로 네루다는 유명한 시인이 된다. 그 후 『무한한 인간의 시도』『열렬한 투척병』『지상의 주소』 등의 시집을 내면서 그만의 시 세계를 만들어냈다. 1927년부터 미얀마의 랑군·스리랑카·싱가포르 등 아시아 지역의 영사를 지냈다. 이어 1934년부터 1938년까지는 스페인 마드리드의 영사를 지내는데, 이때 발생한 스페인 내란은 이후의 시에 큰 영향을 미쳤다. 이 시절에 그는 친구이자 스페인의 대표적 시인 페데리코 가르시아 로르카가 파시스트들에 의해 불법 처형되고 미겔 에르난데스가 옥사하는 사건을 보게 된다. 이때 스페인의 공화주의 운동에 동참한 네루다는 칠레정부에 의해 다른 나라에 정치적 개입을 했다는 이유로 파면 당한다. 그러나 그는 이에 굴하지

고 해도 버릴 수 없는 책들이 있다는 것을 나는 책을 버리면서 알았다. 내 기억이 닿아 있는 책들, 누군가의 내력과 이어지는 책들은 버리려고 뺐다가도 결국 책장에 다시 꽂게 된다. 아직 늙었다는 표현을 쓸 나이는 되지 않았지만, 나도 나이를 먹어가고 있다는 것을 책을 통해 깨닫는다. 오래된 책들이 편안하고도 한편 두려운 것은 아마도 그 책들이 내게 세월의 무게를 알려주기 때문일 것이다.

사람은 태어남과 동시에 자라고, 무엇인가를 성취하고, 발전하는 한편 수명은 하루하루 줄어들고 있지 않은가. 누구도 이것을 피할 수 없다. 수(壽)를 누리는 사람이나 요절을 하는 사람이나 삶의 길이는 각각 다르다 할지라도 하루하루 줄어들고 있다는 사실만큼은 분명한 것이다. 나는 그것을 책을 보면서 자주 느낀다.

익숙한 책들, 기억이 담긴 책들이 많아진다는 것은 또 한편으로는 내 인생이 그만큼 많이 지나왔다는 것을 의미하는 것이리라. 내가 그때 네루다[126]에 빠졌었지, 마르크스[127]로 말미암아 고민했었지, 데리다[128] 때문에 고개를 갸우뚱했었지, 박지원[129]에 흠뻑 젖었었지, 이렇게 기억을 되새기는 동안 이미 그 시간들은 모두 지나갔다. 그리고 그만큼 그 책들도 내 기억과 같은 나이를 먹은 셈이다. 책은 출간되면서 세상에 태어나지만, 누군가를 만나지 않으면 죽은 것과 마찬가지다. 사람 손에 닿지 않은 책은 그냥 종이 덩어리다. 책 읽는 사람은 곧 그 책이 된다는 말에 나는 동의한다.

셜록 홈즈[130] 열풍이 불었을 때, 나는 고서점을 다니며 동서추리문고 시리즈를 찾았다. 숨 죽여가며 추리소설 읽는 걸로 모자라, 커서 탐정이 되겠다고 나름대로 계획을 짰다. 사설탐정은 유럽에만 있

않고 페루의 시인 세사르 바예흐와 함께 '중남미 스페인 지원단'을 결성하여 프랑코 군부에 맞서 싸운다.

1938년 아기레 세르다가 대통령에 당선되면서 네루다는 다시 외교관 생활로 돌아갔다. 1939년 파리 주재 영사, 이듬해 멕시코 주재 총영사로 임명된다. 그 후 멕시코에서 돌아온 네루다는 칠레에서 본격적인 정치활동을 시작한다. 1945년 칠레공산당의 추천을 받아 칠레 북부의 탄광지대에서 상원의원에 당선되고 바로 공산당에 입당한 그는 1946년 대통령 선거에서 좌파진영의 지지를 받던 가브리엘 곤잘레스 비델라 후보의 홍보책임자로 일했다. 그러나 비델라는 대통령에 당선되자 노동자를 탄압하고 공산당을 불법화했다. 이에 네루다는 1948년 1월 상원에서 '나는 고발한다(Yo acuso)'라는 제목의 연설로 비델라 대통령의 배신을 공격했다. 결국 네루다는 의원직을 박탈당했고 검거령을 피해 도피생활을 시작하게 된다. 그는 안데스산맥을 넘어 칠레를 탈출해 프랑스, 멕시코, 이탈리아 등지에서 망명생활을 하게 되는데, 영화 〈일 포스티노〉는 그가 이탈리아 나폴리에 망명해 있던 1952년을 배경으로 만들어진 것이다. 그해 검거령이 풀리자 네루다는 다시 칠레로 돌아와 태평양 연안의 이슬라네그라에 정착해 작품활동과 정치활동을 병행한다. 그 후 1969년 칠레공산당의 대통령 후보에 지명되었으나, 칠레 좌파진영이 인민연합을 구성하기로 하자 네루다는 입후보를 사퇴하였다. 결국 사회당의 살바도르 아옌데가 단일 후보가 되고, 1970년 아옌데정권이 수립되었다. 아옌데정부의 프랑스 주재 대사로 임명된 네루다는 1971년 노벨문학상을 수상했다. 이듬해 대사직을 사임하고 귀국한 네루다는 1973년 9월 11일 자택에서 아우구스토 피노체트의 쿠데타 소식을 접했다. 아옌데 대통령이 대통령 관저에서 장렬한 최후를 맞이했다는 소식을 들은 후 네루다의 병세는 급격히 악화됐고 결국 쿠데타가는 줄 알고, 탐정이 되기 위해 영국으로 유학가겠다고 가족들에게 일찌감치 선언을 한 나였다. 그런 시절을 나는 감쪽같이 잊어먹고 있었다. 큰 출판사에서 괴도 루팡[131] 시리즈와 셜록 홈즈 시리즈가 나오는 걸 보고, 나는 내 기억과 가장 가까운 시절에 있는 동서추리문고 시리즈를 찾아나섰다. 다행히 그 시리즈의 일부를 구해서 다시 읽었다. 추리소설의 내용이 궁금해서가 아니라, 그 소설들을 처음 읽었을 때 내 기억이 궁금해서였다. 나는 그때 추리소설을 읽으면서 어떤 생각을 했었는지, 그때 나는 왜 그렇게 탐정이 되고 싶어 했는지 그 기억들을 추적해나갔다.

그러다 나는 학교 개가식 도서관에서 우연히 만난 에밀 졸라[132]의 『나나』와 다시 만날 수 있었다. 초등학교 5학년 때, 그 책을 나는 이해하면서 읽지 않았다. 그저 처음 보는 책이라서 세상에 이런 책도 있구나, 이렇게 어려운 책도 있구나 싶어 그냥 끝까지 읽었다. 내가 처음으로 읽는 두꺼운 책이었다. 그 책 다 읽는다고 도서관 문 닫히는 줄도 모르고 읽다가 거기서 밤을 새웠다.

집에서는 아침까지 멀쩡하던 애가 없어졌다고 난리가 났고, 학교에서는 평소에 얌전하던 애가 수업도 빠져 먹고 사라졌다고 놀랬다. 결국 부모님은 하루를 못 기다리시고, 실종 신고를 내셨다. 아침에 도서관 문 열자마자 나는 밖으로 나왔다. 그때까지 곤충이나 동물들 이야기, 얼토당토 않는 보물섬 이야기, 파이프 담배 물고 바이올린 켜면서 추리나 하는 탐정들의 세계에 머물던 나는 '나나'라는 여자로 내 정신세계를 옮겼다. 그전까지 나는 『소공녀[133]』의 주인공이 가장 훌륭한 여자인 줄 알고 있었다. 『나나』의 내용도 모르고, 읽다가 졸고

일어난 지 12일 만인 9월 23일 산티아고의 한 병원에서 사망했다. 69세였다. 그의 장례식은 군부의 민주주의 압살에 숨죽여 분노하던 칠레민중들이 벌인 쿠데타 이후 최초의 대규모 집회가 되었다. 위에 소개한 외의 작품으로 「커다란 노래」(1950), 「기본적인 오드」(1954~1957) 등이 있다. 국내에는 시인 정현종이 번역한 『스무 편의 사랑의 시와 한 편의 절망의 노래』, 『네루다 시선』 등이 출간되었다.

127 카를 마르크스(Karl Heinrich Marx, 1818~1883)는 독일의 경제학자, 철학자, 사상가다. 독일 라인 주 트리어에서 유태인 기독교 가정에서 태어났다. 아버지는 변호사, 어머니는 네덜란드 귀족 출신이었다. 1835년 본대학에 입학하여 그리스와 로마의 신화·미술사 등 인문학을 공부하였다. 1836년 베를린 대학교로 옮겨서 법률·역사·철학을 공부하였다. 이때 헤겔좌파인 청년헤겔파에 소속되어 급진 자유주의자가 되어갔다. 그 후 1841년 예나대학에서 박사학위를 받고 본으로 갔으나, 스승인 바우어가 대학에서 해직되는 것을 보고 대학교수의 꿈을 접는다. 1842년 반정부신문인 《라인 신문》에 기고를 시작하여 그해 10월에 편집장이 되었다. 1843년 프로이센 귀족의 딸인 예니와 결혼하여, 파리로 옮겨가 경제학과 프랑스 사회주의를 연구하였다. 1844년 「경제학·철학 초고」와 「헤겔 법철학 비판서설」을 썼고, 1845년 엥겔스와 함께 쓴 「독일 이데올로기」에서 유물사관을 정립하였다. 1847년 「철학의 빈곤」을 썼다. 그해에 런던에서 공산주의자동맹에 가입, 강령인 「공산당선언」을 엥겔스와 공동명의로 집필하였다. 1859년 『경제학비판』을 간행. 1864년에는 제1인터내셔널이 창설되자 이에 참여. 1867년에는 『자본론』 제1권을 함부르크에서 출간. 제2권과 제3권은 마르크스 사후에 엥겔스에 의해

읽다가 잔 주제에 나는 세상의 모든 걸 봐 버렸고 알아버렸다는 심정으로 도서관에서 나왔다. 그 하루 동안 나는 겉멋이 든 것인지, 훌쩍 자란 것인지 여하튼 더 이상 '어린이용'이라고 써 붙여놓은 책은 읽지 않았다.

그해 가을, 내가 다닌 초등학교 운동회에는 특별 순서에 개구리 무용 일정이 잡혀 있었다. 누구나 참가할 수 있지만, 개구리 무용에 걸맞은 개구리 옷을 준비해야 했다. 나는 그때 우리 집 형편으로 개구리 옷은 힘들다는 것을 알고 있었다. 그래서 일찌감치 포기하고 책을 읽는다는 명목으로 도서관으로 도망을 쳤다. 도서관에서 오후 내내 책을 읽었다. 머리 반쪽에는 책의 내용이, 그리고 나머지 반쪽에는 개구리 무용 생각이 떠나지를 않았다.

그러던 어느 날 오후 도서관엘 갔더니 책상과 의자는 다 치워지고 열람실이 낯모르는 사람들로 시끌시끌했다. 하필이면 거기서 개구리 무용 발표회를 하고 있는 것이 아닌가? 나는 재빨리 서가 속으로 숨어서 책 한 권을 빼들고는 책 읽는 척하면서, 아니 책을 눈 밑에다가 대고 친구들이 개구리 무용을 하는 모습을 슬쩍슬쩍 훔쳐보았다.

그게 벌써 30년도 훨씬 지난 일이다. 나는 그 사실조차 잊어버렸다. 그런데 최근에 그 일을 떠올려주는 일이 일어났다. 그 개구리 무용을 연습하는 모양을 동창생 중 누군가의 부모가 사진으로 찍어두었던 모양이다. 그걸 누군가 간직하고 있다가, 며칠 전 초등학교 동창회 홈페이지에다 턱 하니 올려놨다. 컴퓨터 모니터에서 그 사진을 보는 순간 나는 그때 내가 무슨 책을 눈 밑에 대고 있었는가를 기억해내려 했다. 그러나 아무리 생각해보아도 알 수가 없었다. 기억에

1885년과 1894년에 각각 출판되었다. 제4권으로 구상되었던 부분은 카우츠키에 의해 1905~1910년에 『잉여가치학설사』라는 이름으로 출판되었다. 1882년 12월에 아내, 1883년 1월에는 장녀의 연이은 죽음으로 충격을 받은 그는 그해 3월 14일 런던 자택에서 친구인 엥겔스가 지켜보는 가운데 64세의 나이로 일생을 마쳤다.

128 자크 데리다(Jacques Derrida, 1930~2004)는 프랑스의 철학자다. 알제리의 엘비아르에서 태어났다. 파리의 에콜 노르말 쉬페리에르(고등사범학교) 철학과를 졸업하고, 1965년부터 이 학교에서 철학사를 가르쳤다. 에드문트 후설의 현상학을 배운 뒤, 구조주의를 철학에 도입했다. 그는 서기언어(書記言語) 에크리튀르가 수행하는 역할을 중시하였다. 또 시차성(示差性)이라고 하는 개념을 도입함으로써 실체(實體)와 직결된다고 생각되어온 개념들이 시차적 특징에 의해서만 뜻을 지니는 것이며, 차이를 재확인하고, 그 행위에 의한 지연과 우회를 거친 뒤에 현실을 재구성해야 한다고 주장하였다. 저서에 『근원 저편에』(1967), 『에크리튀르와 시차성』(1967) 등이 있다.

129 주 33을 보시오.

130 셜록 홈즈(Sherlock Holmes)는 영국의 의사이자 추리소설가인 코난 도일의 추리소설에서 작중인물로 활약하는 명탐정이다. 1887년 〈진홍색의 연구〉에 처음 등장한 이래 장편 4편, 단편 56편에 등장했다. 셜록 홈즈 이야기가 추리소설로서 영국에서 성공을 거두고 나아가 전 세계에서 명탐정의 대명사가 되었다. 셜록 홈즈의 이름이 세계 각국에 소개되고, 사람들에게 사랑을 받게 된 이유는 그의 독특한 성격과 뛰어난 재능, 그리고 그의 친구 왓슨 박사와

기억을 더듬어보아도 무슨 책인지 생각이 안 났다. 그럴 수밖에. 그 책을 읽지 않았으니. 나는 그 책이 무슨 책인지 알 수가 없다. 하지만 궁금하다. 책 읽기를 좋아한 마음 가난했던 소년이 눈 밑에 대고 있던 그 책이 어떤 책이었는지를. 그 책도 나이를 먹었는지 그것이 궁금하다.

그날 이후, 나는 오랜 나날을 책과 함께 살아왔다. 책 읽기로 지새워버린 그 수많은 시간들을 다른 의미있는 일로 바꿀 수는 없었을까 하고 후회한 적은 단 한 번도 없다. 오히려 '그때 그 사람들과 어울리지 말고 책을 읽을걸…' 하는 후회는 여러 번 했었다. 이제 나는 또다른 많은 책들과 앞으로의 내 인생을 함께 할 것이다. 지금까지 그들과 함께 해왔던 것처럼 말이다.

의 절묘한 대조에 있다. 사람 좋은 왓슨 박사는 홈즈의 재능을 부각시키는 역할을 성실하게 수행한다. 홈즈는 식물학, 특히 독극물에 밝으며, 화학·해부학 등에도 해박한 지식을 가지고 있다. 바이올린 솜씨가 수준급이며, 봉술(棒術)·권투·검술·유도·변장술의 명수다. 실험을 할 때나 사건이 나면 지칠 줄 모르는 정력의 소유자지만, 일이 없으면 안락의자에 축 늘어져 침울하게 지낸다. 때로 우울증에 걸려 코카인을 복용하기도 한다. 아무리 어려운 사건이라도 결코 단념하지 않으며, 오히려 어려운 과제일수록 더 흥미를 보인다. 이에 반하여 왓슨은 선량하고 헌신적이며 종종 사건 해결을 위해 홈즈에게 선의의 속임수를 당하기도 한다. 이 두 사람의 대조가 이야기에 광채를 띠게 하여 그 이후의 추리작가들이 이 콤비를 흉내내게 되었다. 도일은 에든버러대학 의학부의 은사 벨 박사에게 힌트를 얻어, 홈즈라는 인물을 만들어 냈다고 전해진다. 영국 런던 베이커가 221A번지에 소설 속의 주소를 힌트로 열고 있는 셜록 홈즈 박물관이 있어서 소설 속의 셜록 홈즈의 하숙집을 재현하고 있다. 코난 도일의 저작을 국내 완역한 번역책으로 민음사에서 출간된 『코난 도일 전집』이 있다.

131 프랑스의 추리소설 작가 모리스 르블랑(Maurice Leblanc, 1864~1941)의 작품에 나오는 인물이다. 결코 잡히지 않는 대도(大盜)이며, 부자의 큰 저택이나 상류 사회의 살롱이 아니면 습격하지 않는 의적(義賊)이며 변장의 명수다. 도둑이면서 신사이고, 명탐정, 골동품 애호가에 애국자인 그의 다면성이 당대 독자의 마음을 사로잡아 도둑이 아닌 괴도로 불리게 되었다.

132 에밀 졸라(Emile-Edouard-Charles-Antoine Zola, 1840~1902)는 프랑스의 소설가다. 파리에서 태어나서 프랑스 남부 엑상프로방스에서 자랐다. 토목기사인

아버지가 일찍 세상을 떠나 생활이 어려운 가운데서도 여공 출신인 어머니의 후원으로 중학교에 들어가 거기서 폴 세잔느와 사귀고 시와 예술에 눈뜨게 된다. 그러나 가난 때문에 파리로 옮겨가 생 루이 고등중학교에 전학하였다. 파리로 옮긴 뒤, 에콜 드 폴리테크니크 입학자격 시험에 두 번이나 떨어진 것을 계기로 문학의 길로 나아가기로 결심했다고 한다. 1862년 아셰트 서점에 취직하여 그곳에서 처음으로 사실주의적 문학 조류에 눈 뜨고 콩트나 평론을 쓰게 되었다. 이 무렵 『니농에게 바치는 콩트』(1864), 중편소설 『클로드의 고백』(1865) 등을 썼다. 1866년 아셰트 서점을 그만둘 무렵에는 미술평론을 통해 기성의 대가들을 공격하고 마네, 모네, 세잔 등 인상파 청년화가들을 지지하였다. 이 무렵 『테레즈 라캥』(1867), 『마들렌 페라』(1868) 등 자연주의 성향의 소설들을 발표하였다. 한편, 『마르세이유의 신비』(1867)를 통해 발자크적인 사회탐구를 처음 시도한 후 사회파 대작 『루공마카르 총서』를 구상하게 되었다. 1868년경부터 구상에 착수해서 1869년 제1권 『루공가(家)의 운명』을 발표하고, 그 뒤 매년 1권 정도씩 계속 써나가서 1893년 『파스칼 박사』를 출판함으로써 총서 20권을 완성하였다. 『목로주점』(1877), 『나나』(1880), 『제르미날』(1885), 『대지』(1887), 『수인(獸人)』(1890) 등 졸라의 대표작은 대부분 이 총서에 들어 있다. 그는 하류층의 인간상, 인간의 추악함과 인생의 비참함을 적나라하게 묘사했다. 그는 또한 도덕주의자이자 이상주의자였다. 만년에 드레퓌스사건이 일어나자 시대의 권력에 항거하고 군부의 부당성을 공격하였으며 끝까지 드레퓌스의 무죄를 주장하여 결국 승리하였다. 대통령에게 보낸 공개장 〈나는 탄핵한다〉(1898)로도 유명하다. 만년의 작품으로 〈세 도시 이야기〉(1894~1898), 〈4복음서〉(1899~1903)가 있다.

133 소공녀는 1888년 간행된 미국의 여성작가 프랜시스 버넷의 소설이다. 원명은 The Little Princess. 소공녀(小公女)라는 제목은 일본어의 중역(重譯)에서 비롯된 것으로 보인다. 부유한 광산 소유주를 아버지로 둔 사라는 런던의 기숙학교에서 생활한다. 부유한 아버지가 살아 있을 때는 모두가 사라를 공주로 대하였는데 아버지의 갑작스런 죽음으로 가난에 처하자 악한 교장선생님은 사라를 하녀로 부리며 다락방에 살게 하는 등 굶주림과 냉대에 시달린다. 착한 사라는 어려움 속에서도 씩씩함과 친절함을 잃지 않는 진정한 공주의 모습을 보여준다. 그 후 아버지의 유산이 돌아와서 다시 행복한 생활로 돌아간다는 해피엔딩 스토리.

종이책 읽기를 권함

초판 1쇄 발행 2011년 10월 28일
초판 9쇄 발행 2022년 8월 31일

지은이 김무곤

발행인 김기중
주간 신선영
편집 민성원, 정은미, 백수연
마케팅 김신정, 김보미 경영지원 홍운선
펴낸곳 도서출판 더숲
주소 서울시 마포구 동교로 43-1 (04018)
전화 02-3141-8301~2 팩스 02-3141-8303
이메일 info@theforestbook.co.kr
페이스북·인스타그램 @theforestbook
출판신고 2009년 3월 30일 제2009-000062호

© 김무곤, 2011. Printed in Seoul, Korea

ISBN 978-89-94418-31-5 (03810)

- 이 책은 도서출판 더숲이 저작권자와의 계약에 따라 발행한 것이므로
  본사의 서면 허락 없이는 어떠한 형태나 수단으로도 이 책의 내용을 이용하지 못합니다.
- 잘못된 책은 구입하신 곳에서 바꾸어 드립니다.
- 책값은 뒤표지에 있습니다.